AF608212

# DE EXEMPTIONE REGULARIUM

DISSERTATIO

Judicio Facultatis Theologicae Universitatis Catholicae Americae Septentrionalis submissa

tamquam scriptum publici periculi experimentum

ad

DOCTORATUM

in

JURE CANONICO

obtinendum

a

Fr. ANTONIO MELO O. F. M., J. C. L.

FILIO ALMAE PROVINCIAE CANTABRICENSIS

in Hispania

Universitas Catholica Americae

Washingtonii, D. C.

1921

NIHIL OBSTAT

Fr. Josephus - Romanus Zulaica
*Censor Deputatus*

IMPRIMI POTEST

Fr. Nicolaus Vicuña
*M. Provincialis*

NIHIL OBSTAT

Lic. Nestor Zubeldía
*Canocicus, Censor*

IMPRIMATUR

† Fr. Josephus Episcopus Pampilonensis

IMP. - D. ALBÉNIZ - TAFALLA (ESPAÑA)

UNIVERSITAS CATHOLICA AMERICAE

WASHINGTON, D. C.

S. FACULTAS THEOLOGICA, 1920 - 1921,

No 12

THESIM HANC

IN

GRATI ANIMI SIGNUM

**ADM. REV. P. JOSEPH R. ZULAICA, O. F. M.**

JURIS CANONICI LECTORI GENERALI

IN

ALMA SERAPHICA CANTABRICENSI PROVINCIA

DISCIPULUS DEDICAT

# PRAEFATIO

PRINCIPEM absque dubio inter regularium privilegia locum tenet exemptio a jurisdictione Ordinariorum loci, quae canonicis limitationibus moderata, jus commune jam nostra disciplina constituit. Verum, cum deceat «ut praelati et alii, tam exempti quam non exempti, suis juribus sint contenti, et alter in alterius iniuriam non prosiliat seu iacturam» (Conc. Vien., Clem. V, tit. 6), quod quidem, nisi probe noscantur eiusmodi privilegii potestas atque ambitus, facile contingere ipsa experientia comprobavit, operae pretium putavi, si de hac materia, adhuc post novi Codicis promulgationem parum ab auctoribus tractata, hanc parvam dissertationem Theologicae Facultati CATHOLICAE AMERICAE SEPTENTRIONALIS UNIVERSITATIS submittendam concinnarem.

Porro, novi juris canonici Codex juridicas relationes inter exemptos regulares locorumque Ordinarios, quae antehac materiam non parum confusam, obscuram et per abdita Pontificiorum decretorum dispersam constituebant, quadamtenus enucleavit, omnesque casus exposuit in quibus regulares loci Ordinarii potestati subiacere debent. Attamen, canones de hoc argumento tractantes non uno in loco inveniuntur, nec plerumque, supposita novi Codicis brevitate, ex ipsorum verbis facili negotio deduci possunt justi certique limites intra quos privilegium illud continetur. Hac igitur de causa mihi in hac thesi hunc finem proposui, ut potissimas illas juridicas relationes loci Ordinarios inter ac regulares clariori intellectu quam in ipso Codice lectoribus enodatas praeberem. Quod ut melius assequeretur, verba canonum ad rem quoquo modo spectantium illustrare conatus sum, allegatis juris veteris sanctionibus atque adhibitis auctorum interpretationibus, quae circa hanc materiam lucem afferre possint.

Opus quinque capitibus absolvetur. Primum, enodatis quibusdam praeviis circa naturam et divisionem huius privilegii notionibus, potissimum aget de historia regularium exemptionum; alterum, de ipsiusmet privilegii aequitate, renuntiatione, interpretatione necnon revocatione; in tertio enucleabuntur praecipuae inmmunitates ac subiectiones quae ipsas personas exemptorum directe respiciunt; in quarto sermo erit de exemptione locali; quintum denique, in duos articulos divisum, ea quae ad gratiosam et coactivam potestatem Episcoporum respectu regularium se referunt, ad trutinam vocabuntur.

Restat ut grates debitas exibeam, prout libenter facio, Dr. Bernardini in alma huius AMERICAE UNIVERSITATE Juris Canonici professori, qui me summa doctrina ac benevolentia semper juvit, itemque Dr. Kennedy in disciplina Theologiae Sacramentalis, quam ab eo didici, optime merito.

# BIBLIOGRAPHIA

## Fontes

*Acta Apostolicae Sedis,* Romae.

*Acta Sanctae Sedis*, studio et cura V. Piazzesi, Romae.

*Acta Ordinis Minorum*. Ad claras Aquas (Quaracchi).

*Acta et Decreta Concilii Plenarii Americae Latinae* (cum Appendice), Romae, 1902.

*Bullarium Franciscanum*, tom. I. Romae. 1759.

*Canones et Decreta Concilii Tridentini,* Ratisbonae. 1888.

*Codex Juris Canonici* a Card. Gasparri auctus. Neo-Eboraci, 1918.

*Collectanea in usum S. C. Ep. et Reg,* A. Bizzarri, Romae. 1885.

*Collectanea S. C. de Propaganda Fide*. 2 vol., Romae, 1907.

*Collectio Privilegiorum Ordinum Mendicantium*. J. C. Confettius, Venetiis. 1607.

*Constitutiones Generales FF. Minorum*. Romae. 1913.

*Corpus Juris Canonici* edit. L. Anisson. Lugduni, 1661

*Decreta Authentica Cong. S. Rituum*, 3 vol.. Romae. 1898.

Decreta Authentica S. C. Indulg. ab anno 1668 ad an. 1882, Ratisbonae, 1883.

*Monumenta Selecta Juris Regularis*: edit. jussu Rmi. Monza, Ad Claras Aquas. 1913.

*Patrologia Latina*, 1 vol., Migne. Lutetiae Parisiorum, 1863.

*Summa Conciliorum* studio M. L. Bail, 2 vol.. Parisiis, 1672.

## Scriptores

Alphonsus, S. *Theologia Moralis*. Mechliniae, 1852.

Appeltern-Piatus. O. M. C. *Praelectiones Juris Regularis*. Tornaci. 1903.

*Archivum Franciscanum Historicum*, vol. an. 1912. Ad Claras Aquas.

Augustine. Fr. Chas., O. S. B. *A Commentary on the New Code of Canon Law* 4 vol. St. Louis, Mo., 1918-19.

Benedictus XIV. *De Synodo Dioecesana*. tom. XI. edit. noviss., Prati. 1844.

Bianchi, Antonius. *Potesta della Chiesa,* tom. IV. Romae. 1756.

Biederlack-Führich, S. I. *De Religiosis*, Oeniponte. 1919.

Blat, P. A.. O. P. *Commentarium textus Codicis Juris Canonici*. lib. II *De Personis*. et lib. III *De Rebus*. Pars I. Romae 1919-20.

Bondini, P. Aloisius, O. M. Conv. *De Privilegio exemptionis*, Romae. 1919.

Bouix. D. *Tractatus deJure Regularium*, 2 vol.. Parisiis, 1867.

Brandys, P. M. O. F. M. *Kirchliches Rechtsbuch für die Rel.*, Paderborn. 1920.

Bucceroni, P. Ianuarius S. I *Supplementum ad Promptam Bibliothecam L. Ferraris*. Romae. 1899.

Butler, Cuthbert, O. S. B. *Benedictine Monachism*. London. 1919.

Cappello. P. Felix S. I. *De Censuris*. Augustae Taurinorum. 1919.

Cappello, P. Felix S. I. *De visitatione SS. Liminum*. 2 vol., Romae, 1913.

Chokier, Erasmus A. *Tractatus de Jurisdictione Ordinarii in exemptos*. Coloniae Agrippinae, 1629.

## BIBLIOGRAPHIA

*Commentarium pro Religiosis*. Publicatio mensilis, nn. an. 1920, Romae.
Donato, P. Hyacintus O. P. *Rerum Regularium Praxis*, Neapoli, 1652.
Fanfani, P. Ludovicus O. P. *De Jure Religiosorum*, Augustae Taurinorum, 1920.
Ferraris, P. Lucius O. F. M. *Prompta Bibliotheca*. 8 vol., edit. noviss., Parisiis, 1861.
Ferreres, P. Joannes S. I. *Compendium Theologiae Moralis*, 2 vol., edit. 8 post Cod I, Barcinone, 1917.
Ferreres, P. Joannes S. I. *Institutiones Canonicae*, 2 vol., Barcinone, 1917.
Ferreres, P. Joannes S. I. *Las Cofradias y Congregaciones eclesiasticas*, Barcelona, 1907.
Ferreres, P. Joannes S. I. *Derecho Sacramental y Penal especial*, Barcelona, 1920.
Holzapfel, P. H. O. F. M. *Historia Ordinis Fratrum Minorum*, Friburgi Brisgoviae, 1909.
Leitner, Dr. Martin. *Handbuch des Katholischen Kirchenrechts* Regensburg und Rom, 1919.
Lucidi, Angelus. *De Visitatione SS. Liminum*, 3 vol., Romae, 1883.
Maroto, P. Felipe C. M. F. *Instituciones de Derecho Canónico*, 2 vol., Madrid, 1919.
Mocchegiani, P. Petrus O. F. M. *Jurisprudentia Ecclesiastica*, 3 vol., Ad Claras Aquas, 1905.
Mocchegiani, P. Petrus O. F. M. *Collectio Indulgentiarum*. Ad Claras Aquas, 1897.
Montalembert, Count de. *The Monks of the West*, edit. amer., Boston.
Ojetti P. Benedictus S. I. *Synopsis rerum moralium*, 3 vol., edit. III, Romae, 1911.
Piatus Montensis, O. M. C. *Praelectiones Juris Regularis*, 2 vol., Tornaci, 1896.
Prümmer, P. Dom. O. P. *Manuale Juris Ecclesiastici*, 2 edit., Friburgi, 1907 et 1920.
Reiffenstuel, P. Anacl. O. F. M. *Jus Canonicum Universum*, Venetiis, 1735.
Schmalzgrueber, P. F. S. I *Jus Ecclesiasticum Universum*, Romae, 1845.
Sebastianelli, Guilelmus. *De Personis*, Romae, 1905.
Sleutjes, P. Michael. *Commentarium in Const. Generales FF. Minorum*, I vol , Ad Claras Aquas, 1915.
Vermeersch, P. A. S. I. *De Religiosis Institutis et Personis*, 2 vol., altera edit., Brugis, 1904.
Vermeersch, P. A. S. I. *Summa Novi Juris Canonici*, Romae, 1919.
Vicentio, P. Gabriel A. O. F. M. *De Privilegiis Regularium*, Venetiis, 1768.
Waddingo, P. Lucas O. F. M. *Annales Minorum*, edit. II, Romae, 1731-36.
Wernz, P. F. S. I. *Jus Decretalium*, tom. III, altera edit., Romae, 1908.

# INDEX

## CAPUT I

# Notiones praeviae et historia privilegii exemptionis

## ARTICULUS I

### Notiones previae

Exemptio generaliter sumpta significat liberationem seu subtractionem a potestate alterius. Ethymologice verbum *eximo* venit ab *ἐx* et *emo*, «est velut aufero, excipio, etenim eripere, ait Pomponius, est de manibus auferre per raptum, eximere vero quoquo modo auferre», Chokier, *De Jurisdictione Ordin. in exemptos, pag. I.*

In sensu canonico exemptio definiri potest: «privilegium quo corpus aliquod morale, vel persona aliqua, vel etiam locus subtrahitur a potestate inferioris ordinarii et immediate subjicitur superiori Praelato ecclesiastico». Cfr. Ojetti, *Synopsis rerum moralium*, v. *Exemptio*. Tandem exemptio, prout est privilegium regularium, accipitur pro illa eductione, qua religiosi, qui sub jurisdictione, regimine et correctione Episcoporum degebant, a tali subjectione substracti sunt, et sub regimine suorum Praelatorum constituti, tam in civilibus, quam in criminalibus; et omnes uni Capiti, tamquam omnium religionum Generalíssimo, qui est Summus Pontifex, immediate subjecti». Cfr, Mocchegiani, *Jurisprudentia Eccl.* tom, 1. n. 791; Ferraris, *Prompta Bibilotheca*, v. *Regulares*. Art II n. (1) Ex quo infertur potestatem Praelatorum regularium aequiparari quoad suos subditos potestati episcopali meritoque vocari quasi-episcopalem: habent enim jurisdictionem ecclesiásticam tam pro foro interno, quam pro externo. C. 501 par. 1. Exemptio vero a loci Ordinarii jurisdictione secumfert, ut evidenter

(1) Origo exemptionum, juxta laud Chokier pag. 3, petenda est «ex jure emancipationum, manumissionum a privatione do ninii directi, vel jurisdictionis, a translatione praelati in aliam Ecclesiam, a jure vasallorum et scholarium, qui proprios et speciales habent judices, ab analogia exemptionum clericorum a jurisdictione saeculari, ac ab identitate et ratione similium».

patet, exemptionem ab auctoritate parochorum. V. *Ojetti*. l. c. et Maroto, Inst.,tom. II, pag. 516.

Exemptio tripliciter habetur: alia est *personalis*, alia *localis* et alia *mixta*. Prima adhaeret personae eamque sequitur quocumque pergat: hujusmodi exemptione gaudent S. R. E. Cardinales, et in nonnullis regionibus videtur, etiam concesso milítibus, qui sunt exempti a jurisdictione Ordinarii loci et subduntur Episcopo castrensi seu Capellano majori tamquam delegato Summi Pontfiicis. Cfr. Prummer, *Manuale Juris eccles*. lib. II. n. 239.

Altera exemptio respicit loca, nempe ecclesias, monasteria, territoria, etc., nec afficit personas nisi quatenus degentes in loco exempto, quae proinde extra ipsum nullatenus exemptione fruuntur. Talis videtur esse exemptio «familiarium» in monasteriis degentium, nt inferius videbitur. Has inter utrasque (exemptiones), ait Chokier, pag. 5, sollemnis est differencia, quod exemptio *realis* non extendatur ad alias res,, nec ad delicta vel contractus extra loca seu rem exemptam gestos, sed eatenus exempti omnimodo ordinario sucjiciuntur. At vero *personalis*, personae ossibus adhaerens, eandem ubicumque comitatur et eximit.

Exemptio mixta duas anteriores complectitur, nam substrahit ab Ordinarii potestate personas et loca, earumque res, ita ut ipse neque in locum neque in personas ejusdem loci jurisdictionem suam exercere, vel tribunal ibidem pro jurisdictione in alios exercenda erigere potest sine licentia Praelati dicti loci. Ita Schamalzgrueber, *Jus Eccl. Universum*, *De Priv. exempt*. n. 247. Hujus ultimi generis est exemptio regularium. Cfr. c. 615; *de priv.* in 9. c. I tit. VII.(1)

Consequitur duplex genus exemptorum dari, nam aliqui dicuntur «nullius dioecesis», quales sunt Abbades et Peaelati «nullius», qui jurisdictionem exercent in populum et territorium separatum et speciale. Alii vero dicuntur

(1) Clarissimus Biederlack-Fürich.. op. *De Religiosis*. pag. 263 per exemptionem mixtam intelligit illam. quae praeter immunitatem personalem includit etiam exemptionem localem ita perfectam, ut secumferat territorium separatum seu *nullius*, quod nec «de dioecesi nec in dioecesi» existat. Cum igitur regularium immunitas per se non importet territorium *nullius*, ideo eorum exemptio, juxta laud auctorem. personalis tantum dici debet. Nolumus tamen recedere a comuni uso loquendi auctorum in hac materia.

esse «in dioecesi, non tamen de dioecesi», qui revera quoad suas personas, vel particularem aliquem locum v. gr. monasterium, exempti sunt, certum autem populum, aut territorium exemptum non habent, sed intra fines certae dioecesis existunt. Cfr. Chokier, pag. 337; Schmalz. l. c. n. 248; Vermeersch *De Relig. Institutis et Personis*, vol. I n. 362. Hujusmodi est per se conditio Praelatorum regularium. (1)

Haec ultima exemptio, quae *passiva* ab auctoribus dicitur eo quod nihil imperii tribuat Praelato in vicinum clerum el populum, potest adhuc dispesci in perfectum et imperfetum. «Erit igitur perfecta vel imperfecta exemptio, prout Episcopus nullam retinet jurisdictionem (neque quod ad communem fidelium conditionem seu disciplinam ecclesiasticam, neque quod ad disciplinam religiosorum propriam i. e. sectandae perfectionis seu religiosam), vel eam servat qua ceteros regit fideles. Usus tamen est ut exempti dicantur ii tantum qui per se omnem declinare possunt Episcopi jurisdictionem» (Verm. l. c ). In jure tamen actuali, ut notat Maroto, op. cit. lib. II n. 728, hujusmodi perfectio est valde relativa; siquidem etiam exempti in pluribus potestati subjiciuntur locorum Ordinariorum.

Praecipuis notionibus et divisionibus exemptionis indicatis, restat aliqua praenotare de subjecto hujus privilegii. Indubium est plures in Ecclesia exemptione ab episcopali potestate gaudere, hic vero de sola regularium exemptione tractare intendimus. Sed imprimis sciendum est quinam veniunt nomine *regularium*. Responsionem nobis praebet ipse Codex in can. 488 n. 7, juxta quem regulares dicuntur religiosi professi cujusvis Ordinis, sive jam vota sollemnia emiserint, sive temporaria tantummodo ad normam

(1) Hinc cl. Chokier, pag. 394 quaestioni sibi proposita «utrum residens in loco exempto censeatur residere in dioecesi», respondet: «Affirmandum concludit Hierony. Gonzalez, hac signanter ratione, quod locus in dioecesi constitutus de dioecesi esse censeatur, Nec refert, inquit, quod locus exemptus, et extra territorium aut dioecesim aequiparentur. Quia id similitudinarie et aequiparative tantum procedit quoad certos quosdam effectus, non autem vere. Hinc est quod permultis in casibus Episcopus jurisdictionem exerceat in exemptos».

can. 574, Notanda est igitur mutatio in designandis personis Deo consecratis Códice inducta. Jure enim praeterito non veniebant nomine religiosorum stricto sensu illi qui nondum professionem et quiden sollemnem nuncupaverant, exceptione facta quorumdam scholasticorum Societatis Jesu, qui singulari privilegio a Gregorio XIII, (const. *Ascendente Domino*, 25 Maii 1584 concesso, eo nomine sunt potiti. Nomina autem *religiosorum* et *regularium* indiscriminatim usurpabantur. De hoc scribit cl. Bizzarri: «In generali conventu diei 15 Junii 1856 penes S. C. sup. statu Reg. disputatum est, an qui in Ordinibus religiosis votorum sollemnium praemittere debent professionem votorum simplicium declarandi essent veri religiosi, vel tantum participes privilegiorum; nonnulli ex Emis. Patribus primam partem propositionis probandam esse existimabant, quia agebatur de votis simplicibus perpetuis ex parte voventis, utpote quae tendunt ad emittenda deinde vota sollemnia, in quibus perfectionem et complementum accipiant, prout locum habet in Societate Jesu: alii vero autumabant communicationem tantum privilegiorum esse concedendam, cum non expediat privilegium singulare Soc. Jesu ad alios Ordines extendere, ne novus status religiosus contra vigentem Ecclesiae disciplinam generaliter constituatur». *Collectanea*, pag. 801 in nota (1). Etenim ex declaratione praelaudati Pont. Gregorii XIII in favorem Jesuitarum aliqui auctores extendere volebant nomen *religiosorum* ad omnes illos, qui in Ordinibus regularibus professioni sollemni jam praemiserant votorum simplicium professionem. Ita Ballerini ap. Gury, tom II, pag 86 n. 138 nota «a»; ita etiam Wernz, *Jus Decretalium*. tom. III P. II nn. 640 et 646, ubi tamen nomen *regularium* sensu stricto tantummodo sollemniter professis tribuendum censet.

In novo autem jure religiosus vocatur quicumque emiserit vota simplicia vel sollemnia in aliqua religione, id

(1) Cfr. etiam Mocchegi., vol. I, n. 31, 3 et *Commentarium pro Religiosis*, junii 1920 pag. 173 sq.

est, in societate ab Ecclesia approbata, in qua sodales vota publica perpetua vel temporaria, elapso tamen tempore renovanda nuncupant (can. 488 nn. 1. 7). (1) Nomen vero regularium competi omnibus in aliquo Ordine professis, et quidem professione votorum tum simplicium tum sollemnium (id. nn. 2, 7) Notetur tandem monachos, seu religiosos pertinentes ad Congregationes monasticas vel ad Abbatias independentes, venire etiam nomine regularium, utpote qui vota sollemnia emittunt, dictasque Congregationes et, ut videtur, Abbatias inter Ordines recenseri debere: sunt enim verae et proprie dictae religiones, in quibus vota sollemnia nuncupantur. Sic jam opinabatur Abbas Molitor in suo opere *Capita Selecta*, parag. 126, antequam prodierint praefactae Codicis definitiones, quae, ut observat Cuthbert Butler, *Benedictine Monachism*, p. 259, confirmare videntur Molitoris sententiam. Liceat hic transcribere ipsiusmet verba: «This position (Abbatis Molitoris) may now be confirmed from the Codex. For the Abbot superior of a monastic congregation, though he has not all the power and jurisdiction of the supreme moderator or general ot other religious orders (c. 501), still is entrusted by the Codex with certáin of the functions (e. g. judicial) of generals..... A monastic congregation, like a dioecese or exempt order, has no superior bellow the Pope (c. 1557, quod etiam convenit Abbatiis independentibus)... Thus it appears that in the case of Benedictines the term *order* in the strictc full sense applies primarily to the separate congregations, and only secondarily and by analogy to the entire Benedictine institute»

(1) Igitur non amplius requiritur ad verum statum religiosum constituendum sollemnitas vel perpetuitas votorum, ut exigit cl. Ferreres, *Institutiones Canonicae*, tom. I n. 781, hisce verbis: «ad essentiam status religiosi *proprie* dicti nunc requiri... b) ut vota sint perpetua». Ut enim observat laud. Biederlack-Fürich, op. c. pag. 14 nota 2, hoc assertum, «saltem sensu obvio, ex legibus Ecclesiae erui posse non videtur». «Immo, addit P. Goyeneche, *Comm. pro Rel.*, Martio 1920, pag. 76 nota 17, nobis videtur, contrarium in canone contineri. Religiosi qui tantum votis temporalibus ligantur sunt stricte dicti religiosi, etsi rationem status non adeo perfecte habeant quam qui perpetua vota nuncuruut».

Itaque in pauca conferendo notiones hujus articuli, colligitur ex illis, quod regularibus seu religiosis Ordinum atque Congregationum et Abbatiarum monasticarum competere exemptionis privilegium tum quoad suas personas tum respectu locorum in quibus degunt et quoad ipsorum res, eosque idcirco frui exemptione quae vocatur *mixta*, et tandem illos esse *in dioecesi* non *tamen de dioecesibus*, seu gaudere exemptione *passiva* et quidem *perfecta*.

## ARTICULUS II

### Historia privilegii exemptionis

Omnium regularium privilegiorum notissimi et a nemine hodie in dubium vocati supervacaneum videtur exemptionis privilegium existentiam demonstrare, eo vel magis quod in Codice expresse confirmatur per can. 615, et in subsequentibus canonibus ejusdem extensio seu amplitudo accurate determinatur. Inutile tamen non erit in ejus originem et historiam inquirere, ut amplius dignoscatur illius et natura et amplitudo, atque simul appareat Summorum Pontificum aequitas sapientiaque in eximendis ab inferioribus Ecclesiae Praesulibus sibique immediate subjiciendis regularium familiis, quod erit objectum sequentis capituli. Nec utilitate carebit hanc investigationem perficere ad refutandos illos exemptionum impugnatores, uti e. gr. Thomassinus et generatim Jansenistae et Gallicani, contendentes privilegium istud, nonnisi recentiori aetate concessum, novitatem esse e falsis Pseudo-Isidori decretalibus enatam.

### § I.--Exemptio monachorum in primis Ecclesiae saeculis

Non sunt concordes auctores in definiendo tempore quo coepit vigere monachorum exemptio. Juxta cl. Bouix, *De Jure Reg.* P. V. c. II, a remotissima jam antiquitate amplam ejusmodi monachorum libertatem latissime vigere coepit. Quod ipse demonstrare conatur in medium adducens quaedam doccumenta, quae suam opinationem evincere videntur.

Primum documentum ad quartum saeculum pertinens est epistola S. Epiphanii ad Joannem episcopum Jerosolymitanum, a S. Hieronymo in Latinum translata quaeque scripta fuit occasione ordinationis presbyteralis monachi Paulini ab ipso Sto. Epiphanio peractae in monasterio Bethlemico (1). Hoc aegre tulit praedictus Joannes, illatam jurisdictioni suae injuriam conquerens, atque exilio etiam plecti monachos procuravit. Sancti Patresautem Epiphanius et Hireonymus vehementer contra Antistitem illum queruntur, qui monachus et ipse fuerat, asseverantes injustasesse Joannis querelas, et jure factam ordinationem hac sola ratione nixi, quod Bethlemiticum monasterium etsi in dioecesi Joannis existeret, ipsius tamen jurisdictioni haud subjaceret. Hujus S. Hieronymi et Epiphanii persuasionis, potuisse nempe a quocumque Episcopo monachum in monasterio ordinari, nec dioecesano Episcopo subjectum monasterium fuisse, non alia causa assignari potest ,ait laud. Bouix l. c. pag. 89, «quam quod jamdudum passim invaluisset ut monasteria hacce exemptionisconditionepacifice fruerentur»

Alterum documentum est decretum concilii Arelatensi III anno 455 coacti ad controversiam dirimendam Faustum inter, Lirinensis monasterii Abbatem, et Theodorum Forojuliensem Episcopum. En verba decreti, quae ad rem faciunt: «...laica vero omnis monasterii congregatio, ad solam ac liberam abbatis proprii, quem sibi ipsa elegerit ordinationem dispositionemque pertineat; regula, quae a fundatore ipsius monasterii dudum constituta est, in omnibus custodita». (2) «Cum enim id, concludit laud. Bouix, p. 90, ab Arelatensi concilio non tanquam novum statuatur, sed tanquam ab ipsis monasterii exordiis servatum supponatur, a multo remotiore antiquitate profecta exemptionum disciplina censenda est». Haec tamen exemptio, juxta cl. Wernz, l. c. n. 701, hoc tantum implicabat: «ut Abbates sacerdotio

(1) De hac re vide Bianchi, *Potesta della Chiesa*. tom. 4 pag. 360 edit. Romae, 1746.

(2) Acta hujus concilii videri possunt ap. Mansi, *collectio concil*. tom. 7, col. 908

insigniti ad instar parochorum et Praelatorum inferiorum ex ipsa concessione Episcoporum in suos monachos stabilem et immediatam obtinerent curam».

Exstant insuper in ecclesia africana duo documenta concilium Carthaginensium (an. 525 et 535), quorum authentiam Van Espen propter inefficaces rationes in dubium vocat (Wernz, l. c. nota 709) et quae legi possunt apud Mansi, tom. 8 col. 649; id. Pag. 841, et Bouix, l. c. p. 91 sq. Ex illis infertur, ait laud, Bouix: 1) Certum esse Africae monachos jure quodam exemptionis, sub *libertatis* nomine, fuisse potitos; 2) hocce jus libertatis in eo consistere, ut clerici, inter quos etiam Episcopus loci, nullam omnino potestatem haberent in monasteria, sive virorum, sive etiam monialium: «Erunt igitur, ajunt acta syn. Carth. ann i525, omnia omnino monasteria, sicut semper fuerunt, a conditione clericorum modis omnibus libera». In iis conclusionibus cum citato auctore consentire videntur etiam Bianchi (1) et Zaccarias, *Antifeb.* P. II, lib. V c. I. Wernz, l. c n. 701, pariter admittit haec prima exempla fuisse exemptionis regularium in ecclesia africana, «ubi tamen, inquit, monachi ordinariae potestati Episcoporum subducti, non Romani Pontifici, sed Primati Carthaginiensi fuerunt subjecti. Similis praxis jam inde ex saeculo septimo vigebat in Patriarchatu Constantinopolitano, ubi teste ipso Thomassino, qui exemptioni regularium parum favet, bene multa coenobia ab Episcoporum dioecesanorum spirituali jurisdictione prorsus erant absoluta et uni immediate Patriarchae Constantinopolitano et Exarcho Patriarchali, quem ille ad omnium omnino monasteriorum administrationem delegabat».

Plura alia documenta ad saeculum septimum et octavum spectantia allegantur a praedictis auctoribus, quae hic praetermittuntur brevitatis gratia et insuper quia fere omnes conveniunt jam a tempore Gregorii Magni (509-604) monasteria quadam moderata saltem exemptione gaudere,

(1) «Ex iis actis edocemur Africae monasteria omnia libera fuisse ab ordinaria jurisdictione Episcoporum, in quorum dioecesi fundata fuerant» Bianchi op. cit. t. 4, p. 370.

et nonnulli in litteris ipsius Pontificis praedictum privilegium inveniri contendunt. Sic inter alios Moccheg. v. I; Berardi, *Comm. in Jus Eccl.* c. V; Bouix, pag. 99. Non ita censet P. Ch. Agustine, qui tamen in suo *Commentary on Canon Law*, vol. III, *Introd.* p. 24, fatetur laudatum Pontificem in epistola ad Maximianum Ravenn. jura monasteriorum vindicasse, et inter alia, libertatem monachorum in electione Abbatis monasterii et in administratione bonorum temporalium, quoad suas proprietates, documenta, etc., et tandem immunitatem monasteriorum a tributis episcopalibus. Sed nonnisi 24 annis post mortem illius Papae, ait praelaudatus auctor, assignandum est initium realis monachorum exemptionis, quod invenitur in «charta libertatis» ab Honorio I in favorem monasterii Bobiensis elargita, cujus haec sunt verba: «Nullus episcoporum in praefato coenobio quolibet jure dominari conetur». (1). Sciendum est tamen quod praedicti Pontificis Gregorii Magni nomine et auctoritate Concilium Romanum III anno 601 celebratum, percelebre edidit decretum ad monachorum libertatem firmius stabiliendam ac tuendam (2) in multis eos eximens a jurisdictione episcopali. (3) Sequentis tenoris est praefatum decretum: «Quam sit necessarium monasteriorum quieti conspicere, et de eorum perpetua securitate tractare, ante actum nos officium, quod in regimine coenobii exhibuimus, informat. Et quia in plurimis monasteriis multa a Praesulibus praejudicia atque gravamina monachos pertulisse cognoscimus, oportet ut Vestrae Fraternitatis provisio de futura quiete eorum salubri disponat ordinatione... Interdicimus igitur in nomine Domini nostri Jesu Christi, et ex auctoritate beati Petri Apostolorum principis, cujus vice huic Romanae Ecclesiae praesidemus, prohibemus ut nullus Episcoporum aut saecularium ultra praesumat de redi-

(1) Cfr. Zaccarias l. c. n. 6 et *Vita Bertulfi,* ap. Migne, 87, 1063.

(2) «Decretum Constituti nomine apellari solitum... Decretum Gregorii papae de libertate monachorum».-Not. ad Concil edit. *Coletti,* t. 6. p. 1343.

(3) Cfr. Montalembert, *The Monks of the West*, vol. I bock V. p. 396 ed: americana, Boston.

tibus, rebus vel chartis monasteriorum... minuere, vel dolos vel immisiones facere... Defuncto autem Abbate cujusque congregationis, non extraneus eligatur, nisi de eadem congregatione, quem si propria voluntate concors fratrum societas elegerit: et qui electus fuerit, sine dolo vel venalitate aliqua ordinetur... Obeunte quoque abbate, Episcopus in describendis providendisque rebus monasterii acquisitis. vel datis perquirendis, nullatenus se permisceat. Missas quoque publicas ab eo in coenobio fieri omnino prohibemus... Neque audeat ibi cathedram collocare, vel quamlibet potestatem habere imperandi, nec aliquam ordinationem quamvis levissimam faciendi, nisi ab abbate loci fuerit rogatus; quatenus monachi semper maneant in abbatum suorum potestate: nullumque monachum, sine testimonio vel concessione abbatis, in aliqua ecclesia teneat, vel ad aliquem promoveat honorem. Hanc ergo scriptorum nostrorum paginam omni futuro tempore ab omnibus Episcopis firmam statuimus illibatamque servari...

Universi Episcopi respondere: Libertati monachorum congaudemus, et quae nunc de his statuit Beatitudo Vestra firmamus». (Apud Bull. tom. II, pag. 233).

Per hanc igitur pontificiam constitutionem, qua firmata sunt in favorem monasteriorum haec duo cujusque independentis ac regularis societatis fundamenta, scilicet: libera Praesidum electio et inviolabilitas proprietatis (Montalembert, l. c., pag. 397))quaeque a Patribus Concilii *libertas* monachorum appellata fuit, bene dici potest praelaudatum Pontificem temperatae quidem sed realis ac vere nominis exemptionis disciplinam universis monachis communem agnovisse suaque Apostolica auctoritate roborasse.

Saeculo IX, praesertim sub Nicolao I (858-867)) quamplurima inveniuntur concessa monasteriis privilegia libertatis, quae majori minorive extensione ea a jurisdictione Episcoporum subtrahebant. Potissima hujus Pontificum agendae rationis explicatio petenda videtur ex lamentabili conditione illius temporis, quo principes licet christianissimi impares reddebantur ad monachos tuendos incolumesque servandos ab usurpationibus et rapinis dominorum feudalium, eo vel magis quod apud multos, praesertim in Germania, hoc falsum principium pro bono ac vero accipiebatur: plenam nempe et absolutam potestatem administrandi monasterii ecclesiaeve proprietates apud illos residere, in quorum fundis aedificatae fuissent. Hinc consequenter accidit ut perplura monachorum coenobia in ditionem redigerentur principum saecularium vel Episcoporum, et quidem non solum in iis, quae pertinent ad temporalium bonorum admininistrationem, sed insuper in rebus spiritualibus ac maxime quoad electionem Abbatis monasterii. Nec deerant alii, praecipue inter Hibernos, ut notat Bury (1), qui retinebant transmittebantque suis haeredibus certum quoddam jus in monasteria ab ipsis fundata ac plerumque circa electionem Abbatis. Mirum igitur non est quandoque evenisse ut dioecesani Praesules, auxilio brachii saecularis potestatem fere absolutam in Abbatias sibimet arrogarent atque dilapidarent earum proprietates, ex quo non parum detrimenti quieti ac perfectioni vitae monasticae provenit.

Hinc expltcari jam possunt monachorum conatus recurrendi *ad protectionem S. Petri* seu Romanorum Pontificum, quae formula frequenter occurrit in Apostolicis concessionibus jam ab initio decimi saeculi. (2) Haec etiam fuit ratio illarum contentionum circa ambitum jurium ac facultatum Episcoporum in monasteria. (3) Sic demum intelligitur cur jam in saeculo IX vel X universa fere monasteria exempta evaderent a jurisdictione episcopali. Cfr. Wernz, l. c. not. 712. «Etenim, ait laud. Cokier, op. c. p. 4, quemadmodum pater iniquus in filium cogitur ut eum emancipet, item dominus ut servum suum manumitat, ita

(1) Vita S. Patritii. pag. 174 ap. August. l. c. pag. 27.

(2) Wernz. l, c. n. 701; August. pag. 27.

(3) «St. Columbanus contested the bishops rights, and Ven. Bede tells with complacency of a privilege obtained from Pope Agatho by St. Benet Bishop for his monastery at Wearmouth, wherebi it was made safe and free from every kind of external interference (extrinseca irruptio) for ever. *(Hist Abbat.)* Cuthbert, *Bened Monasc.* pag. 219.

ex opressione Ordinariorum orta et concessa est liberatio et generalis exemptio a jurisdictione ordinaria».

Quod vero attinet ad extensionem et amplitudinem hujusmodi exemptionum in primis saeculis usque ad tempus Alexandri III (1159-81), nulla invenitur in documentis pontificiis norma uniformis et constans, qua determinari possint jura religiosorum exemptione gaudentium. In omnibus quidem agnoscitur libertas monachorum quoad electionem Abbatis monasterii, necnon immunitas a potestate coactiva Episcopi, iis vel similibus formulis expressa: «...ut nullus in ipsum monasterium audeat vel praesumat sententiam excommunicationis inferre... ut a nemine possint interdici aut excommunicari nisi a Romano Pontifice». (1) Aliquando verba quibus documentum exprimitur satis clare propriam et veri nominis exemptionem elargiuntur: hujus exempla habentur in praelaudata constitutione Concilii Romani Sub Gregorio Magno; item in decreto Zaccariae Summi Pontificis, quo monasterium Fuldense ab Ordinarii potestate subtractum uni Sedi Apostolicae immediate subjectum fuit, utappar et ex sequentibus hujus decreti verbis: «...Et ideo omnem cujuslibet ecclesiae sacerdotem in praefato monasterio ditionem ullam habere aut auctoritatem praeter Sedem Apostolicam, prohibemus». (2)

Ut plurimum istiusmodi concessionibus addita fuit clausula poenalis contra violatores exemptionum. Vid. August. l. c, pag. 27. Tandem, si monasterium sub papali protectione declarabatur, saepissime quoddam tributum seu censum Romanae Sedi solvere debebat. Haec erat formula communiter adhibita: «Ad inditium perceptae a Romana Ecclesia libertatis (vel protectionis, vel juris seu proprietatis, *byzantium* unum (seu aureum solidum, aequivalens

(1) Greg. Mag. c. 5. 6. C. XVIII. q. 2: cfr priv Honorii I monast. *Bobiensi* an. 628.

(2) Migne, 89. 1854: Mabillon, *Annal. Benedict*. t. II. lib, 22. n. 60 ap. Bouix l. c pag. 102. Authentia hujus documenti, quae antiquitus in dubium vocabatur hodie ab auctoribus generaliter admititur. Cfr August. pag 26. nota 51; Wernz l. c. nota 711.

5.30 dollars juxta Hodgkin, vel 3 dollars secundum alios) quotannis Lateranensi palatio persolvetis». Advertere oportet quod per hujusmodi traditionem monasterii Romanae Ecclesiae nullatenus inferri potest illud privatam illius ecclesiae proprietatem evasisse. Cfr. August. l. c. p. 31. Haec enim traditio tantum importabat protectionem vel tutelam, tempore medioevali valde efficacem, Sedis Apostolicae.

Notanda est insuper distinctio inter simplicem protectionem et specialem tutelam, quae passim occurrit in rescriptis pontificiis illius temporis, praesertim saeculo XII. Hanc tamen distinctionem haud multum juvare ad dignoscendam amplitudinem concessarum exemptionum et potius recurrendum esse ad examen totius documenti, ipse Romanorum Pontificum, praesertim Alexandri III ac Bonifacii VIII, declarationes evidenter ostendunt. (1)

Ex hucusque dictis judicium jam ferri potest de controversia inter auctores agitata circa jus, quo introducta fuit religiosorum exemptio: utrum nempe eam obtinuissent jure *communi* vel *speciali*. Quidam enim, ut Schmalz. t. V. P. 3. tit. 33 n. 250, et Salmanticenses, *De priv.* c. 3. n. 1 ap. Mocch. I. n. 805, admittentes distinctionem inductam a glossatoribus Decreti Gratiani, inter legem *dioecesanam* et *jurisdictionalem*, autumant regulares a lege dioecesana exemptos fuisse ex jure communi, a lege vero jurisdictionis exemptionem eis competere coepisse jure speciali. (2)

Altera opinio, quam amplectitur cl. Mocch. l. c. n. 807 post Rodriguez, Lezana et Hieron. Garcia, affirmat mona-

---

(1) Cap. 8, X *de priv.* V, 33; Wernz n. 701 not. 707; August. p. 32-33.

(2) Per hanc distinctionem, ait Sebastianelli, *De Pers.* P. II c. 2. actus jurisdictionales Episcopi, a quibus exempti erant regulares, (ex. gr., exactio tributorum, ut pars decima oblationum, caritativum subsidium, etc.. Chokier, pag. 49 sq.) dicebantur pertinere ad legem dioecesanam; illi vero actus, qui in religiosos etiam exercebantur, dicebantur pertinere ad legem jurisdictionis. Benedictus XIV in op. *De Synodo dioec.* lib. I c. 4. n. 3, de hoc ita scribit: «Quamdiu monachi plene atque in omnibus subjecti fuerunt Episcopis nulla emersit distinctio inter legem dioecesanam et legem jurisdictionis; sed postquam a Sede Apostolica concessa illis fuerunt indicata exemptionis privilegia. . Joannes Semeca, dictus Theutonicus... seu potius Huguccionus, seu Hugutio... eam distinctionem excogitavit... Cfr. etiam Mocch. I. p. 432: Aug. l. c. p. 38-39.

chos jure communi exemptionem obtinuisse quoad ea, quae *regularem observantiam* respiciunt; non autem quoad ea, quae *vim directivam et coactivam* concernunt, in quibus nonnisi in posterum per jus speciale seu per privilegia concessa est illis exemptio a jurisdictione Ordinariorum. Quod constare autumant ex praesenti usu Ecclesiae: nam monasteria, quoad jurisdictionem subjecta Ordinariis, subduntur suis Praelatis quoad regularem observantiam.

Tertia sententia tenet quod monasteria ab initio omnimodo Episcopis subjacebant, et nonnisi tractu temporis, ait cl. Verm. tom. I. n. 363, quando scilicet dubitari coepit utrum monachi propria clericorum an communi fidelium obedientia erga Episcopos tenerentur, concessa illis fuere prima decreta libertatis, quae in *interioris regiminis immunitate* consistebant. Ideoque etiam illa exemptio quoad regularem observantiam et gubernium internum, juxta hanc sententiam introducta fuit jure speciali, seu per decreta conciliorum particularium praesertim Carthaginensium, de quibus supra vidimus. Quae exemptio imperfecta jam tempore Gregorii Magni omnibus monachis communis censebatur, prout ex litteris illius Pontificis apparet Ita Verm. l. c.; August. p 24; Wernz, l. c. n. 701, qui existimat nec nostra quidem aetate (paulo nempe ante Codicis vigorem) dici posse regulares exemptione potiri jure communi seu vi alicujus legis generalis. Eadem fuit doctrina Bened. XIV, ut apparet ex verbis sequentibus quae transcribimus e suo op. *De Syn. dioec.* I. 4. n. 3: «...Compertum est omnibus Monachos, eorumque ecclesias ac monasteria, plurium saeculorum intervallo fuisse juri Episcoporum omnino subjecta..»

Tandem praelaud. Bouix, l. c. p. 103, variis argumentis adductis demonstrare conatur suam peculiarem sententiam, juxta quam disciplina exemptionum cum ipsismet monasteriis incoepit, ita ut monachi primum facti sunt non e subjectis exempti, sed e contra, e liberis subjecti; ac proinde primitus jure communi jam obtinuerunt plenam libertatem tum quoad regimen internum tum etiam quoad jurisdictionem episcopalem. Exinde infertur exemptionem in aliquo sensu minus recte «privilegium» vocari: «Sonat enim privilegii vox aliquam a lege jam existente exemptionem. Quod si prior fuit exemptio quam non exemptio, et prius tanquam lex seu jus commune exemptiones viguerint, per ipsas legi non fuit derogatum. Eo tamen sensu privilegium dici possunt exemptiones, quod nisi ab initio monasteriorum libertas ab Ecclesia statuta non fuisset, hoc ipso remansissent monachi Ordinariorum jurisdictioni et spirituali regimine subjecti». Bouix pag. 108.

## § II.-A tempore Conc. Lateranensis I usque ad Tridentinum

Primum generale Concilium quod regulas statuit ad mutuas relationes stabiliendas loci Ordinarios inter ac regulares degentes in illorum territoriis fuit Lateranense I anno 1123 celebratum. Ejus canones Abbatibus et monachis interdicebant sacramenti Poenitentiae necnon Extremae Unctionis administrationem; item illis vetabant visitationem infirmorum Missarumque publicam celebrationem. Consecrationes altarium, clericorum ordinationes et nomii natio regularium ad curam animarum exercendam spectabant ad dioecesanum Antistitem. Tandem de novo confirmata sunt jura omnia ab Ordinariis acquisita super religiosas familias jam inde usque a tempore Gregori VII Vid. Bail, tom. I. pag. 396 sq.

Praefatae Concilii restrictiones non obstarunt quominus monachi a posterioribus Summis Pontificibus novas exemptiones, quinimo pleniores antiquis obtinuerint, prout videri potest in archivis monasteriorum familiae Benedictinae, praesertim cisterciensium. Cfr. Jaffe, n. 9728, 9756 ap. Aug. l. c. p. 34.

Saeculo XII ortum habuerunt incliti Ordines Militares, scl. Equites S. Joannis seu Melitenses, Templarii ac Teutonicii, qui propter peculiarem indolem ac scopum, quem intendebant, permultis magnisque privilegiis atque exemptionibus ditari meruerunt. Hoc vero saeculo exemptio satis plena ab Ordinariorum jurisdictione jam pertinebat ad communem conditionem monasteriorum. Cfr. Verm. I.

n. 368. Ab hoc etiam saeculo prodiit institutio canonicorum regularium, de quibus cfr. Wernz, l. c. n. 604.

Nunc demum attingimus initium aetatis aureae regularium exemptionis, saeculo nempe XIII, quando apparent magni Ordines Mendicantes SS. Francisci ac Dominici necnon Carmelitarum et Eremitarum S. Augustini, quibus postmodum acceserunt Ordines Servorum Beatae Mariae Virginis, Minimorum, Jesuatorum et Jesuitarum. (1)

Jamvero cum scopus novorum Ordinum Mendicantium pariter respiceret et religiosorum propriam sanctificationem et populorum evangelizationem (juxta illud quod in officio S. P. N. Francisci legimus: «...Non solum sibi vivere sed aliis proficere vult Dei zelo ductus»), et hoc munus evangelizandi praecipue in pulpito et confessionali exerceri oporteret, conflictus clerum inter saecularem et regularem oriri poterant, ut de facto exorti sunt, hacque de causa regulares procurarunt sese muniri pontificiis exemptionibus, quae facile libenterque illis concessae fuerunt. Etenim in primis Sedes Apostolica ad ipsos extendit antiquum monachorum privilegium, vi cujus immunes evasere a potestate coactiva Episcopi, qui etiam regularium ecclesias interdicere non poterat, itemque admittere tenebatur excommunicationes a Superioribus regularibus in proprios subditos prolatas. Cfr. Potthast, *Regesta Pont.* Rom. I. n. 6808, 7123 ap. Aug. l. c. p. 34.

Postmodum facultatem acceperunt, qua cum consensu Episcopi praedicare et poenitentiae sacramentum administrare etiam saecularibus poterant. Pontificem haec facere potuisse nemo est, qui neget, eum vero ita agere debuisse cuicumque patebit, qui conditionem ecclesiae durante saeculo XIII novit: «Omnes historiae periti consentiunt mendicantes fuisse, qui eclesiae multitudinem populi iterum reducebant vel servabant. Hoc non solum Sedes Apostolica, sed etiam multi Episcopi cognoverunt, quare mendicantes tanquam aptissimos auxiliares libenter susci-

(1) Cfr. Wernz, tit. 24. n. 606; Ferreres. *Institut.* vol. I. n. 787; Confettius. *Collect. priv.* p. 254.

piebant». (Holzap. *Hist. O. F. M.* p. 210). Hujusmodi facultas a Martino IV per suam const. «*Ad fructus uberes*», 13 Dec. 1281, (quae legi potest ap. Vicentia, *De priv. Reg.* p. 3.) confirmata, a Bonifacio VIII et Clemente V restricta fuit ad solas provincias et oppida ubi domus regulares invenirentur, consensu insuper Episcopi vel parochi requisito, quamvis hoc ultimum ad liceitatem tantum pertinebat. C. 2. *Extrav. Com.* III, 6, *de sepulturis*; c. 2 *Clem.* III, 7. In hac posteriori decretali liberum etiam jus regularibus agnoscebatur sepeliendi in suis coemeteriis et ecclesiis ipsos religiosos defunctos aliosque fideles, qui ibi sepeliri quaesierint, salvo tamen jure parochi ad perceptionem «quartae funerariae», seu portionem emolumentorum parochialium. Jam prius Fratres privilegium obtinuerant, quod nemo in ecclesiis suis contra ipsorum voluntatem sepeliri posset.

Monachi etiam, qui tunc temporis jam coadunabantur in diversas Congregationes, (scl. Cluniacensium, Camaldulensium, Vallumbrosanorum, Carthusianorum, et Cisterciensium; vid. Wernz. l. c. n. 603) novis magnisque privilegiis ac immunitatibus, praeter illas, quibus antiquitus fruebantur, adaucti sunt.

Praedictae concessiones et favores pontificii, praesertim erga Mendicantium familias, jam ab exordio suae institutionis resistentiam et oppositionem multorum parochorum necnon quorumdam dioecesanorum Praesulum invenerunt, contra quos Gregorius IX, et postmodum Innocentius IV acriter invecti sunt in suis decretalibus an. 1231 et 1245 respective editis, quae omnes incipiunt a verbis sequentibus: «Nimis iniqua...Nimis prava». (1)

Mendicantes vero jura acquisita, praesertim quoad praedicationem et confessionem, retinere conabantur. Ipse S. Bonaventura, Minister Generalis tunc temporis Minoriticae familiae, acriter illos defendit contra omnes incursiones in suis opusculis ac praecipue in illo cui titulos: «Quare FF. Minores praedicent et confessiones audiant». Liceat hic quaedam de hujus S. Doctoris libello transcribere: «Cum

(1) C. 16. 17. V. 31; *Bull. Francisc.* tom. I. pag. 74-75. 368.

jam sit Ecclesia quasi navis tempestate concussa, in qua, remigantibus pavore trementibus, procellae tumentes pene operiunt navem, missi sunt Fratres a Summo Gubernatore fulti auctoritate Sedis Apostolicae, ut in naviculis suis discurrentes per mundum, quos e naufragio peccati periclitantes invenerint, rapiant ex undis, et ad litus salutis reportent» Op. om tom. 14 p. 547.

Controversia permanebat, postquam revocatio privilegiorum per Innocentium IV anno 1524 facta jam paucis hebdomadibus post sublata est. Augebatur per rationem agendi Alexandri IV ac successorum ejus, qui mendicantium erant amici, praesertim vero per laudatam constitutionem Martini IV «*Ad fructus uberes*», ita tandem ut in universitate Parisiensi lites animos turbaverint, et Guilelmus Ambiacensis (Amiens), Episcopus, advocatum cleri paroecialis se fecerit. (1) Unus vero ex Cardinalibus a Nicolao III Parisios missis ad accusationes Ambiacensis refutandas fuit Caetani, qui, postquam creatus fuit Pontifex sub nomine Bonifacii VIII, occasionem accepit decidendi controversiam auctoritate Apostolica, quod anno 1300 fecit per citatam Bullam «*Super cathedram*», c. 2. *Extrav. Comp.* III. 6 *de sep.* Suis decisionibus Papa juribus Episco-

---

(1) Audiatur Bouix. tom. II. p. 175-76: «Quanto aestu praefati heterodoxi viri (Guilelmus nempe et alii, contra quos scripsere S. Thomas et S. Bonaventura) contenderint permittendum non esse regularibus ut praedicarent, confessiones audirent, ad doctoratum promoverentur et publice in academiis docerent, res est ex monumentis historicis notissima. Non tantum jus sed et officium Episcopi esse dicebant, ab hisce muniis religiosos arcere. Praecipuae autem quibus nitebantur rationes, erant istae: pugnare sacri ministerii exercitium cum natura et fine status religiosi; cum religiosos, utpote mundo mortuos, silere deceat, non docere, et solitarie degere, non saecularibus negotiis sese implicare: insuper ex illa regularium in sacri ministerii muniis immixtione, confusionem induci, perturbari divinitus institutam hierarchiam, laedi parochorum jura, ipsisque detrimentum inferri». Haec sophistica argumentatio adhibita etiam fuit a posterioribus impugnatoribus, praesertim a fautoribus conciliabuli Pistoriensis, (a. 1786) ut apparet ex damnata propositione 80 ejusdem Synodi a Pio VI, const. «*Auctorem fidei*», 28 Aug. 1794, quae statuit absque ulla distinctione: «Statum regularem aut monasticum, natura sua componi non posse cum animarum cura cumque vitae pastoralis muneribus nec adeo in partem venire posse ecclesiasticae hierarchiae, quin ex adverso pugnet cum ipsiusmet vitae monasticae principiis».

porum et parochorum satisfecerat, quin mendicantium industriam impediret. V. Holz. p. 214.

Postquam Benedictus XI Bullam sui praedecessoris abolevit, nam per illam nova jurgiorum materia inducta fuit «utpote, ait ipse Pontifex Ben. XI, qui pro ea, quam intendebat, quiete, turbatio nata est, pro concordia sunt suborta dissidia. et pullullatae inquietudines pro tranquillitate...» «(const. *Inter cunctos* c. I. *Extrav. Com.* V. 6. *de priv.)* a Clemente V. rénovata est an. 1312, const. «*Dudum*» antea citatam (c. 2. *Clem.* III. 7), quae celeberrima evasit, sed non ideo dissidiorum ignis penitus extinctus est. Cfr. Vicentia, p. 5. Igitur contentiones adhuc ortae sunt, quarum ratio potissima fuit, quod una vel altera pars legem non observabat, et ab utraque parte excessus haud raro committebantur. Huc spectant tituli «de excessibus Praelatorum», l. V. t. 31, necnon «de excessibus privilegiatorum», l. V. t. 33. Cfr. Wernz, l. c. p. 409. In his contentionibus partes semper ad Bullam *Super cathedram*, redierunt, quia postulationibus utriusque satisfacere poterat. Cfr. Aug. p. 36; Holz. p. 214.

Non obstantibus querelis clericorum saecularium, exemptiones et facultates Fratribus Mendicantibus concessae extensae fuerunt ad novos Ordines et Congregationes saeculo XIII, XIV ac XV conditas, praessertim ad instituta *clericorum regularium.* (1) Immo novis et quidem magnis privilegiis et exemptionibus Mendicantes adaucti sunt, prouti ex documentis modo citandis apparebit.

---

(1) Inter hos. juxta tempus originis recensendi sunt: ***Theatini***. quos S. Caietanus et Petrus Caraffa (Paulus IV) an. 1524 instituerunt; institutum ***Somaschorum*** a Sto. Hieronymo Aemil. conditum et an. 1540 a Paulo III approbatum atque tandem a S. Pio V an. 1568 confirmatum ut religio cum votis sollemnibus. Quibus saeculo XVI acceserunt: ***Clerici infirmis ministrantes*** a Sto. Camilo an. 1584 fundati et a Clem. VIII an. 1591 ad statum verae religionis evecti; ***Clerici Matris Dei scholarum piarum*** S. Josephi Calàsanc.. quae religio instituta an. 1597 et ad instar simplicis congregationis religiosae a Paulo V approbata, deinde a Gregorio XV an. 1621 et a Clem. IX an. 1663 tanquam vera religio cum votis sollemnibus fuit confirmata; tandem ***Clerici Matris Dei*** a Bto. Joanne Leonardi an. 1583 instituti et seculo sequenti a Gregorio XV ad statum verae religionis evecti. Cfr. Wernz, l. c. n. 607.

Etenim Ordini FF. Minorum amplissimum privilegium exemptionis a Clemente IV, Nicolao IV, Benedicto XI, Bonifacio VIII et Nicolao V jam concessum, (cfr. Conf. p. 11-14, 35) Mocch. F n. 796) Sixtus IV in sua const. incipiente *Regimini* ed. an. 1474, quae appellatur *Mare Magnum Minorum*, renovavit et confirmavit. Sic enim loquitur Pontifex in par. 9 praefatae Bullae: «..Et ne praetextu const. Innocentii Papae IV praed. nostri quae incipit *Volentes*, locorum dioecesani et alii ordinarii, aut alii quicumque in personas et loca Fratrum praedictorum sibi jurisdictionem et superioritatem vindicare praesumant, districtius inhibemus ne quisquam absque dictae Sedis (Apostolicae) speciali commissione et auctoritate in personas, domos et loca... aliquam praeminentiam, superioritatem et jurisdictionem quomodolibet exercere praesumat, etiam ratione contractus vel delicti, seu rei de qua contra ipsos ageretur, ubicumque ineatur contractus, committatur delictum et res ipsa consistat». Confet. l. c. p. 43 sq. et *Bull. R.* tom. I p. 337. Idem privilegium fere eisdem verbis expressum Fratribus Praedicatoribus concessum invenitur ab ipso Pontifice in praefato *Bull.* l. c. p. 340. Hujusmodi concessiones iterum ansam praebuerunt clero paroeciali novarum querelarum et contentionum. Holz. p. 214.

Plenam exemptionem Eremitis S. Augustini idem Sixtus IV per suam constitutionem *Dum fructus uberes*, 7 Idus Feb. 1474, concessit, ut videri potest ap. Conf. p. 43. Carmelitae exempti sunt per bullam *Dum atentu*, ejusdem Papae, a SS. Pontificibus Gregorio XIII et Clemente VII confirmatam et ampliatam. Conf. p. 144. Ordo Servorum Beatae Mariae Virginis exemptus fuit ab Urbano IV, const. *Sacrosancta*, 7 ap. 1380. Idem privilegium obtinuerunt FF. Minimi S. Francisci a Paula per const. Sixti IV quae incipit *Sedes Apostólica*, confirmatam et ampliatam a Julio II in Bulla *Dudum*, quae edita fuit 5 Kal. Aug. 1506. Ambae constitutiones legi possunt in Conf. p. 72, 98.

Amplissimam denique exemptionem elargiti sunt Societati Jesu Summi Pontifices Paulus III et IV necnon

Gregorius XIII, Bulla *Pium et utile*, prout refert Emman. Rodriguez, *Comp. priv.* t. II. Q. 63 art. 3 ap. Mocch. I. n. 796, 7.

Quod ad moniales spectat, sciendum est illas pari gressu cum regularibus viris exemptiones obtinuisse. Itaque jam a tempore Gregorii IX et adhuc vivente sancta fundatrice Clara, ejusdem monasterium S. Damiani in Assisi exemptum fuit ab ipso Pontifice per litteras incipientes *Solet annuere* de die 21 Mart. 1235, in quibus legitur: «In litteris siquidem V. F N. Faventini Episcopi perspeximus contineri quod ipse Divinae pietatis obtentu Monasterium vestrum cum personis et possesionibus ab omni Episcopali jure, tam in spiritualibus quam in temporalibus duxerit perpetuo eximendum, nihil sibi praeter Sacramenta Ecclesiastica, et unam libram cerae annis singulis reservando... Nos de potestatis plenitudine... quod super hoc factum est ab Episcopo memorato, Auctoritate Apostolica confirmamus». *Bull. Francisc*, tom. I. p. 149; vid. etiam pag. 32, 56, 82, 488, &, ubi similem exemptionem aliis Clarissarum monasteriis concessam comprobatur. Primum exemplum hujusmodi exemptionis in Hispania habetur in constitutione laud. Pontificis, cujus initium est: *Annuere consuevit*, 5 April. 1231, qua libertates et inmunitates concessas ab Episcopo Pampilonensi Abbatisae et conventui Monasterii Sanctae Gratiae siti in capite Molendini del Mazon in strata publica de Zandua (termino Pampilonensi) apostolica auctoritate confirmavit. *Bull. F.* pag 72.

Idem Papa Gregorius jam antea, anno videl. 1227, commiserat Ministro Generali O. F. M. ejusque successoribus curam pauperum Monialium reclusarum seu Clarissarum, ut «de illis tanquam de ovibus custodiae vestrae commissis, curam et sollicitudinem habeatis». Bull. F. p. 36-37. Anno vero 1247 ipsis Monialibus data fuit ab Innocentio IV, (bulla *Cum omnis*, in *Bull. F.*, p. 476) nova Regula, in qua Ministro Generali et Provincialibus O. F. M. cura Clarissarum et omnium earum monasteriorum plene in omnibus committitur: «..ad eos spectat visitatio vel Visitatoris nominatio, confirmatio Abbatisae; Capellani, si adest, deputatio vel remotio; ad Capitulum Generale spectat novas fundationes monasteriorum concedere: soli FF. Minores confessiones Monialium excipere possunt, in casu necessitatis etiam Capellanus..» Cfr. *Arch. Franc. Histor.* vol. V. p. 424. Tunc temporis jam extensa fuerant ad monasteria monialium Clarissarum privilegia, quibus Ordo FF. Minorum fruebatur. *Bull. F.* p. 413-14.

Itaque merito concludi potest cum peritissimo Fagnano, «Sedem Apostolicam quorumcumque Ordinum religiosos totaliter exemisse ab Ordinariorum jurisdictione, etiam ratione delicti commissi, contractus initi, ac rei existentis extra locum exemptum». Apud Mocch. l. c. n. 797.

## §. III.—A tempore Concilii Tridentini usque ad nos.

Cum Tridentina Synodo novum in historia regularium exemptionis lustrum incepit. Etenim per hujus Concilii decreta magis definita ac determinata sunt regularium privilegia; Episcoporum etiam jura in religiosas familias, tunc temporis valde deminuta, in multis restituta fuere, praesertim circa ea, quae respiciunt ordinationem et sacrum ministerium, publicationem et observantiam censurarum festorumque dierum episcopali auctoritate institutorum, necnon punitionem regularium extra claustra delinquentium. Haec jurisdictio Episcoporum in regulares tribus modis exerceri poterat, nempe: a) *jure ordinario*, seu ratione officii, (1) b) *jure delegato*, id est, nomine et auctoritate non propria sed Sedis Apostolicae, (2) et c) *utroque simul jure*, (3) quando scilicet Episcopus tum a jure

(1) Cfr. sess. V c. 2 de ref.; sess. VI. c. 3 de ref.; sess XXI. c. 9. de ref.; sess. XXIII. c. 2 de ref. id. c. 15 de ref.; sess. XXV c. 12 et 14 de reg.

(2) Cfr. sess. V. c. l. de ref.; sess. VI. c. 3 de id.; sess XXV. c. 5, 9 de reg.

(3) Cfr. sess. XXII, Decr. *de observandis et vitandis in Miss. celebratione*.

ratione sui officii tum etiam ex delegatione S. Sedis potestatem in exemptos obtinebat.

In praefatis casibus sub jurisdictione episcopali redactis locorum Ordinarii facultate praediti sunt regulares delinquentes puniendi poenis vindicativis, immo et censuris, saltem in quibusdam casibus specifice determinatis, nisi regulares privilegium in contrarium obtinuerint, quod tamen intelligendum est de privilegiis posterioribus Concilio, sicut declaravit S. R. C. *in Tarent.* 31 Maii 1642. *Decret. Auth.* n. 801. Plerique vero auctores docent «nullam adesse religionem (votorum sollemnium), quae sive per specialem concessionem sive per communicationem tale privilegium habere non praetendat». Ita Ferraris, v. *Regulares*, art. II. n. 78-80.

Quod ad moniales, attinet, quae a regularibus Praelatis regebantur. sub eorum potestate relictae sunt, sess. 25. c. 9, si excipiantur quidam pauci casus, ex. gr.: examen puellarum ante hibitus susceptionem ac professionem religiosam, designatio et aprobatio-confessarii, salvis juribus Praelatorum regularium, clausurae custodia et alia hujusmodi, de quibus inferius erit sermo.

Attamen permulta privilegia et facultates a regularibus obtentae in vigore remanere post Tridentinum Concilium omnes admittunt et probatur ex verbis ipsius Synodi: «In ceteris omnibus praefatorum Ordinum privilegia et facultates, quae ipsorum personas, loca et jura concernunt firma sint et illaesa». C. 20. sess. 25 *de Reg.*

Revocata quidem fuerunt privilegia, quae adversantur decretis contentis in sessione XXV, *de Reg. et Monial.* c. 22, ubi dicitur: «Omnia et singula in superioribus decretis contenta observare praecepit... non obstantibus eorum omnium et singulorum privilegiis, sub quibuscumque verborum formulis conceptis, ac mare magnum appellatis..» Revocata quoque censentur privilegia contraria illis decretis sessionum praecedentium continentibus expressam clausulam derogatoriam, ut est sequens: «non obstantibus quibuscumque privilegiis». Cfr. Ferraris, v. *Priv.* art. 3. n.

56. Utrum revocata fuerint etiam illa, quae adversantur aliis decretis Tridentinis clausulam specialem derogatoriam non continentibus, negandum est cum Suarez et multis aliis, inter quos Reiffenstuel, lib. V. tit. 30. n. 139, ubi solidis argumentis hoc propugnat. Videri potest elenchus privilegiorum a C. Trid. revocatorum apud Giraldi, *Exposit. Juris Pontificii*, tom. II. lib. V *de Priv.*

Hic notat prael. August., l. c. p. 37, conciliun noluisse controversiam dirimere circa jus exemptionis, id est, utrum omnes regulares (tales quidem erant omnes religiosi illius temporis, cum nulla vera religio dari posset absque votis sollemnibus, cfr. Ferreres, *Inst.* I. n. 783) essent ipso jure exempti, quamvis videatur supponere majorem ipsorum partem hoc privilegio gaudere: nihilominus quaestio juris intacta permansit, quod ansam praebuit posterioribus controversiis inter Episcopos et Abbates quorumdam monasteriorum Benedictinae familiae.

Post Tridentinum novae restrictiones et limitationes factae sunt quoad ambitum exemptionis regularium a diversis Romanis Pontificibus. Imprimis revocata sunt antiqua privilegia *vivae vocis oraculo* a S. Sede concessa. Sic constitutum ac declaratum fuit a SS. Pontificibus Gregorio XV, const *Romanus Pontifex*, 2 Julii 1622, et Urbano VIII, const. *Alias fel. record.* 22 Dec. 1631; id. 11 April. 1635, exceptis tantum illis privilegiis, quae expedita fuerant per illos officiales seu Ministros, qui fidem facere solent de oraculis papalibus. Apud Mocch. I. n. 764 sq.; n. 769 sq. ubi plura de hac re inveniuntur scitu digna.

Pariter Gregorius XIII per Bullam *In tanta rerum et negotiorum mole*, quae promulgata fuit die 1 Martii 1573, quasdam constitutiones, praesertim illam, cujus initium est: *Etsi Mendicantium*, a S. Pio V favore regularium latas revocavit et ad terminos juris communis et S. Concilii Tridentini reduxit, ut videri licet in Lezana, *Summa Quaest. Regul.* tom. II. c. I. n. 12 (ap. Mocch. l. c).

Demum cum plures existerent parvi conventus, in quibus propter exiguum numerum religiosorum disciplian regularis non satis servabatur, variae prodierunt Pontificiae constitutiones, quae potestatem Episcopis, tanquam Sedis Apostolicae delegatis, contulerunt domus supradictas visitandi atque in ipsas plenam jurisdictionem exercendi. (1) Haec decreta papalia potius respiciebant domus regulares in Itaiia ejusque insulis adjacentibus erectas, quae ut exemptionem retinerent sex saltem religiosis constare debebant, quod ad monasteria erecta ante decretum Urbani VIII de die 21 Jun. et 22 Sep. 1625, et non supressa constitutione *Instaurandae* Innocentii X (cfr. Capello, *De Visit. SS. Lim.* tom. II p. 405-6); pro ceteris tamen regularibus ubique locorum existentibus requirebatur ad nova monasteria recipienda numerus duodecim saltem fratrum: alioquin sub potestate Episcoporum esse omnino debebant. Nihilominus progressu temporis benignior disciplina introducta fuit; usus enim invaluit ex repetitis decisionibus S. C. Ep. et Reg. ut pro exemptis haberentur domus quae sex saltem religiosos capiebant, et hoc tandem tanquam jure communi constitutum declaratum fuit a Leone XIII in sua Cons. *Romanos Pontifices*, 8 Maii 1881, A. S. S. vol. 13. p. 481; cfr. etiam Verm. I. n. 465. Quinimo idem Pontifex in praelaud. constitutione exemptos declaravit regulares in Anglia degentes, *non exclusis illis, qui in residentiis Missionum commorantur*, et haec concessio ad plures alias Missiones extensa fuit, ita ut tanquam lex communis in locis Missionum haberetur. Ita Mocc. III. n. 862; Verm. I n. 363.

Nunc autem finem imponimus brevi expositioni originum ac vicissitudinum, quas in decursu temporis sustinere debuit privilegium exemptionis religiosorum usque dum Codex Juris Canonici per canonem 615 illud sollemniter confirmaret in favorem omnium regularium.

---

(1) Const. *Cum saepe contingat* Urbani VIII, 21 Jun. 1625; *Instaurandae* Innocent. X, 15 Oct. 1652: *Nuper* 23 Dec. 1697, quae videri possunt penes Reiffenst. tom. III lib. 3 tit. 48, Ferraris. v. *Conventus*. ar. I: Mocch. I n. 245 sq.; cfr. A. S. S. vol. I p. 723 sq.

## ÇAPUT II

## Regularium exemptionum aequitas, renuntiatio, interpretatio ac revocatio.

### ARTICULUS I

#### Exemptionis aequitas atque utilitas.

Hunc articulum incipientes liceat verba praeclari Pontificis Leonis XIII in laud. const. *Romanos Pontifices* hic transcribere et nostra facere. siquidem in illis clare ac compendiose enumerantur praecipuae rationes, quibus permoti Romani Pontifices hoc privilegium exemptionis regularibus concessere, quod tandem in hodierna disciplina per canonem 615 jus commune constituit.

En verba laud. Pontificis: «Ad regularium exemptionem quod attinet, certa et cognita sunt Canonici Juris prescripta. Scilicet, quamvis in ecclesiastica hierarchia quae est divina ordinatione constituta, presbyteri et ministri sint inferiores Episcopis, horumque auctoritate regantur; tamen quo melius in religiosis Ordinibus omnia essent inter se apta et connexa, ac sodales singuli pacato et aequabili vitae cursu uterentur; denique ut esset incremento et perfectioni religiosae conversationis consultum, haud immerito Romani Pontifices, quorum est dioeceses describere ac suos cuique subditos sacra potestate regendos attribuere, Clerum Regularem Episcoporum jurisdictione exemptum esse statuere...» Quibus pulcherrimis verbis jam anteierat testimonium Gregorii XVI in *epistola* ad Archiep. Mecliniensem: «Ejus utilitas (exemptionis) ecclesiasticis sanctionibus, longaque saeculorum plurium experientia et vel ipso haereticorum et incredulorum in illam odio comprobata est. .» Ap. Verm. tom. I. n. 364.

His praemissis, breviter justas exemptionum causas a praedicto Pontifice Leone XIII indicatas, singillatim perpendam.

## § I — Prima ratio seu causa regularium exemptionum

Est quae continetur in illis verbis dictae const. scilicet, ut «in religiosis Ordinibus omnia sint inter se apta et connexa, ac sodales singuli pacato et aequabili vitae cursu utantur».

Quantum enim importet vinculum illud sociale seu unitatis socialis forma, quam hodie in omnibus religiosis familiis conspicimus, ipsa experientia testata est. Nam ex quo monachorum coenobia, quae ante decimum saeculum nondum coadunabantur in unum congregationis corpus. coeperunt hanc socialem formam sub unico generali capite adoptare, mirum in modum crevit et eorum numerus et praesertim monacalis fervor atque sanctitas. Hinc saeculo XIII suos Mendicantium regulares Ordines SS. Patres Franciscus et Dominicus sub eadem congregationis forma erexerunt; ita nempe ut singulorum unius regionis conventuum rectores uni Superiori Provinciali subjacerent; ipsi autem Provinciales totius Ordinis Ministro seu Praeposito et capitulo generali subderentur. Cfr. *Regula O. F. M.* c. VIII. Simili norma et ceterae post illas erectae regularium familiae constitutae sunt.

Hujus enim unitatis forma ad praedicationem et sacrum ministerium quam maxime dictis Ordinibus proprium, necessaria omnino videtur, immo ipsa sublata, ut ait cl. Bouix, tom. II pag. 114, statim dissolverentur. Nunc vero, si tales rligiosae congregationes locorum Ordinariis subderentur, unusquisque eorum evaderet verus superior singulorum conventuum, siquidem ipse prior conventus illi subjiceretur. Sed insuper unusquisque Episcopus supremus monasterii moderator constitueretur, utpote a quolibet alio Episcopo, et a fortiori a quolibet religiosi instituti Superiori Generali independentem. in sua dioecesi jurisdictionem exercens, et consequenter tot essent supremi moderatores, quot essent episcopi habentes aliquem conventum in suo territorio. Hoc autem penitus everteret ipsas religiones, quae per mundum universum diffundendae sub unitatis regimine constitutae sunt. Ad quam conclusionem roborandam frecuentes Episcoporum inter et superiores congregationum non exemptarum conflictus exorti adduci possent. (1)

Insuper ad conservationem et incrementum Ordinum religiosorum non tantum requiritur illud externum vinculum sociale et unitas regiminis, quibus «omnia inter se apta sint et connexa», necesse est pariter ut «sodales singuli pacato et aequabili vitae cursu utantur», et ad hoc nihil congruentius quam ut educerentur ab inferiori jurisdictione ordinariorum et uni summo Capiti, Pontifici Maximo, devincerentur. Audiamus ad rem S. Gregorium Magnum (cit. decr.): «Quam sit necessarium monasteriorum quieti conspicere, et de eorum perpetua securitate tractare, ante actum nos officium informat. Et quia in plurimis monasteriis multa a Praesulibus praejudicia atque gravamina monachos pertulisse cognoscimus, prohibemus, &.» Itaque licet non frecuentes, attenta episcopalis status excellentia ac sanctitate, hujusmodi molestias et gravamina supponere debeamus, pro humana tamen fragilitate non raro, uti jam vidimus, hocce contingere saeculorum experientia demonstrat. Hinc facile patet utilitas magnaque oportunitas praefatae exemptionis, ut e medio tollantur et vitentur illae perturbationum et commotionum tempestates, quibus periclitatur pax et tranquillitas monastica, utque «exempti quietius sub umbra et protectione Sanctae Sedis officio, religioni et contemplationi vacent». Chokier l. c. p. 4. (2)

## § II-Ceterae rationes seu causae exemptionum regularium

Secunda ratio concessarum exemptionum fuit «ut esset incremento et perfectioni religiosae conversationis consultum». Etenim ad religiosam disciplinam conservandam et promovendam, in qua praecipue consistit incrementum et profectus in religiosa perfectione, quam maxime ju-

(1) Cfr. Moccheg. t. I. n. 802; Wernz, III. n. 700, &.

(2) Cfr. Sebastianelli. *De personis*: n. 366. Bouix. l. c. p. 114.

vat ut ii, quibus illam ex munere curare incumbit, diu se exercuerint in observantia ejusdem praeceptorum ac regularum, et pro diversis institutis imbuti quodammodo fuerint uniuscujusque eorum spiritu. Inde sequitur aptos non esse regulariter loquendo ad id muneris praestandum dioecesanos Praesules; tum quia regulam non sunt experti nec ad peculiarem religionum diversarum indolem informati, tum quia pro varietate ingenii est fere imposibile ut uniformiter procedant in regimine spirituali conventuum sibi subjectorum: quod nemo non videt in detrimentum religiosorum perfeccionis redundare. Ex quo illud consequitur requiri necessario ad servandam uniformitatem unitatemque spiritualis directionis, ut per ipsos singularem Ordinum praepositos, arbitrio Ordinariorum non subjectos quaeque monasteria regantur ac moderentur. Ad rem Bianchi, op. c. t. IV. p. 363: «Exemptio monachorum et institutorum religiosorum ab Episcoporum jurisdictione ad monasticae disciplinae conversationem fuit necessaria». Ctr. etiam Bouix. l. c. p. 14.

Tertia ratio exemptionum regularium sic exprimi potest: ut omnibus appareat et luculenter demonstretur summum imperium ac immediata in omnes fideles Romanorum Pontificum jurisdictio, «quorum est dioeceses describere, ac suos cuique subditos sacra potestate regundos attribuere». Quamvis necessarium non videatur vindicare jus Sedis Apostolicae statuendi praedictas exemptiones sibique regulares familias immediate subjiciendi, utpote quia illud jus apud catholicos extra omnem controversiam positum est, perenne tamen et praeclarum testimonium quod regulares exempti illius supremi juris ac immediatae in omnes Christi fideles Summorum Pontificum jurisdictionis per omnes mundi partes constanter reddunt, non parum decoris et splendoris reportat Apostolicae Sedi, cujus ergo interest habere permultos immediate subditos. (1)

---

(1) Cfr. Chokier l. c. p. 4; Verm I. n. 364. 3; Lud. Fanfani. *De jure Rel.* n. 294.

Alia ratio ob quam mota fuit Sedes Apostolica ad concedendas exemptiones est quae proponitur a cl. Sebastianelli *(De Personis*, pag. 413) post Bouix, l. c., nimirum: «ut fortiori vinculo particulares Ecclesiae S. Petri Cathedrae devincerentur».

Haec ratio seu motivum est veluti naturale consectarium anteriorum. Nam Clerus Regularis, sub unitate regiminis spiritualis constitutus et immediate centro unitatis, Sedi Apostolicae, subjectus, aptior redditur ad propugnandam catholicam unitatem et fidem, praesertim quando vehementes insurgunt haereseon schismatumque tempestates, quae et clerum simul ac fideles, immo et ipsos Pastores Dominici gregis convellere nituntur. Omnes quidem norunt praecipuos ac veluti natos, ut ait Verm. l. c., assertores et defensores Sanctae Sedis fuisse monachos ac regulares. Cfr. Fanfani, l. c. n. 294. Hoc etjam prae figuratum apparet in illa visione Innocentii Papae III, qua conspexit Lateranemsem Basilicam jamjam collabentem et Beatum Franciscum humeris suis illam sustentantem. S. Bonav. *Legend.* c. 3. Hoc ipsum in Concilio Tridentino asserebat Cardinalis Lotharingius, prout narrat Pallavicinus, lib. 24. c. 3. n. 7 ap. Bouix, l. c., in hunc modum: «De regularibus illustre praeconium habuit, testatus tria regularium millia in Gallia paucorum mensium spacio crudele martyrium passos fuisse, quod obedientiam Romano Pontifici debitam abjurare noluissent. Quapropter... Patres cohortabatur ut regularium immunitatem illaesam praestarent».

Ultimo loco addi etiam potest cum Verm., l. c., quod ex illa immunitate quaedam exurgit aemulatio et fervor inter utrumque clerum, impediens quominus contagium erroris aut corruptionis universum clerum et subinde populum invadat, atque majorem copiam ministrorum suppeditat qui sancte fidelium animos excolant. Quod commodum opponit D. Thomas Guilelmo a S. Amore in opusc 19.

Contra impugnantes, &,c. 2. (1) Uno verbo per exemptionem consulitur, ut observat prael. Verm. l. c., bono communi totius Ecclesiae, ad quod plurimum refert ut floreat status religiosus, S. Sedis auctoritas sancte servetur, singulae dioeceses spiritualibus bonis abundent; et cui maxime prodest haberi, praeter militia velut provincialem. copias quae in necessitates totius reipublicae magis immediate intendant.

## ARTICULUS II

## De renuntiatione, interpretatione ac revocatione privilegii exemptionis.

### § I.—An possint Regulares exemptionibus renuntiare.

Huic quaestioni, quam sibi plerique auctores proponunt, utrum nempe renuntiare queant regulares privilegio exemptionis sine venia Summi Pontificis, responsio negativa ab omnibus praebetur. Ratio sumitur ex motivis superius adductis concessarum immunitatum. Privilegium exemptionis, ait Schmalz. *De priv.* n. 265, «introductum est favore non tam exemptorum quam Sedis Apostolicae et Papae, cujus interest subditos suos ab aliis non judicari, praesertim ab episcopo alieno».

Praeterea renuntiatio illa vergeret in praejuditium Religionis, cui ex gravibus causis hoc privilegium concessum est. Unde sequitur regulares non magis posse suis exemptionibus renuntiare, quam valent Ecclesiastici cedere suo privilegio fori aut canonis, quod in favorem totius ecclesiastici coetus introductum fuit. Deinde, inquit laud. Schmalz. l. c., renuntatio sine consensu Summi Pontificis facta esset Ei injuriosa, ut per se patet. Quare dicendum, nullam consuetudinem in contrarium praevalere posse nullumque usum, quamvis per usum Ordinarii sint in possessione judicandi regulares: quia eatenus hujusmodi posse-

(1) Vid. etiam Q. 187 art. I et Q. 188 art. IV *in Sum.*; item S. Bonavent. *Opera omnia*, t. 14 p. 547; *Decretum Gratiani* c. XXV Caus. XIV; Pistus, *Prael. J. Reg.* P. IV tom. II. c. 2. Q. 10.

ssio aut usus illis favere posset, quatenus tacitam renuntiationem includit, quam a Regularibus fieri non posse diximus. Cfr. auctores citatos a Mocch. tom. I. n. 810.

Haec inhabilitas huic privilegio renuntiandi intelligi etiam debet quoad personales exemptiones privatis religiosis concessas, ut probat idem Schmalz. l. c., ex capite «cum de tempore» V *de arbitr.*, in quo dicitur: «..Cum etsi sponte volueris, de jure tamen nequiveris, sine licentia Romani Pontificis renuntiare privilegiis, vel indulgentiis libertatis..»; cui consonant alia *Decretalium* capita, in quibus exemptio nuncupatur non tam jus ipsorum exemptorum, quam Papae et ecclesiae Romanae.

Cum autem privilegium exemptionis hodie de novo concessum sit regularibus por modum legis generalis (canon 615), ipsius renuntiatio regitur dispositionibus c. 72 parag. 4, cujus haec sunt verba: «Nec ipsi communitati seu coetui integrum est renuntiare privilegio sibi dato per modum legis, vel si renuntiatio cedat in Ecclesiae aliorumve praejudicium». (1)

Ex dictis infertur non licere regularibus sese Ordinario loci subjacere in iis, in quibus eximuntur; quod si faciant, unus solus se opponere potest. Nam eo ipso quod huic privilegio renuntiare non valent, consequenter nec jurisdictionem alterius tacite vel expresse prorrogare possunt. Cfr. Chokier, p. 153. Hinc etiam quod Praelati regulares teneantur et quidem in foro conscientiae, ut ait Navarrus, conf. 15. n. 6 ap. Chokier, p. 481, ad defensionem suarum exemptionum: «tum quia omnis Praelatus teneretur coram Deo ad jura ecclesiae suae defendenda».

## § II.—De interpretatione hujus privilegii.

Notandum est in antecessum hic agendum esse de interpretatione auctoritativa seu *authentica* hujus privilegii, quae videlicet jus facit et certum reddit sensum legis, sive sit extensiva, seu ultra id quod verba, proprie et se-

(1) Cfr. etiam S. Alphosum. *De Priv.* n. 73; Verm I. n. 365.

cundum sensum communem accepta, denotant; sive comprehensiva, quando nempe sensus declaratus a verborum propria et usu recepta significatione non recedit. Hanc vero facere ad unam Sedem Apostolicam pertinet. Ratio patet, quia ejus est interpretari, cujus est concedere, quapropter dicitur in Decretalibus, c. 31. X *de sent. excom.* V. 39, «unde jus prodiit, interpretatio quoque procedat». Jamvero, quia privilegium exemptionis per modum legis est concessum, ad legislatorem spectat illius authentica interpretatio, prouti declarat canon 17 parag. I. nostri Codicis.

Cognitio ergo et definitio litis inter Ordinarium et Praelatum regularem exhortae super aliquo capite exemptionis, non ad Episcopum sed ad Romanum Pontificem pertinet. Licet enim regulariter judicis sit cognoscere et decernere utrum sibi jurisdictio competat (c. 1609 par I) «in hac tamen exemptionum materia, ait laud. Chokier, p. 160, singulare est ut ordinario de jurisdictione sua cognoscere non liceat». Quod quidem «sumitur ex c. *Cum venissent*, 12 de judiciis, quo privilegii apostolici interpretatio papali judicio reservatur». Schmalz. l. c. n. 274. Et Clemens X in const. *Superna* 21 Jun. 1670, quae legi potest ap. Mocch. I. n. 946, docet et declarat: «Si dictorum privilegiorum verba obscura sint et ambigua, non esse ad Metropolitanum provocandum, sed cum ejus sit interpretari cujus est concedere, dictorum privilegiorum interpretationem Sedis Apostolicae judicio, prout alias const. praedecesseris nostri f. r. Clementis IV statutum fuit, esse requirendam». Accedit, quod cum hic agatur de exemptione ab Episcopi jurisdictione, ipse Episcopus seu Ordinarius esset judex in causa propria, «cum in hac quaestione agatur, inquit Schmrlz. l. c., de toto fundamento jurisdictionis, et de ipsius proprietate, spectante honorem et commodum Ordinarii». Postremo, quia exemptio, ut saepe dictum fuit, magis ipsius Papae et ecclesiae Romanae jus est, quam ipsorum exemptorum, sequitur non posse inferiorem judicialiter cognoscere de jure superioris. (1)

(1) Cfr. Mocch. I. n. 813; Schmalz: l. c.

Ceterum nihil obstat, quominus Ordinarius sive per se, sive per viros in materia peritos, agat de privilegio dubio coram Superiore regulari; haec enim interpretatio doctrinalis et directiva ipsis non vetatur. Semper vero prae oculis haberi debent regulae pro interpretatione privilegiorum ab auctoribus propositae et a Codice praescriptae in cc. 68 et 50; ex quibus liquet amplam oportere interpretationem tribui regularium exemptionibus, utpote quae sunt privilegia in jure communi contenta, quae vim legis et juris communis habent. Hinc etiam infertur regulares haud teneri ad probandas suas immunitates, nisi in casu quo per indultum peculiare eximantur ab Episcoporum jurisdictione in materia ipsis expresse a Codice subjecta. Tunc enim, probari ab allegante exemptio debet, (nisi alias privilegium istud sit notorium) quia est quid facti, quod regulariter non praesumitur, praesertim in nostro casu, ubi locorum Ordinarii praesumptionem in contrarium in jure communi fundatam habent; ac pronide probandi onus rejiciunt in Adversarium. Cfr. Schmalz. n. 266.

Notetur tandem quod, perdurante dubio quousque se extendat exemptio in aliquo casu, et interim instituitur recursus ad Sedem Apostolicam, «melior est conditio possidentis», id est, regulares, qui generali gaudent exemptione, illa possunt uti usque dum Episcopus eorum subjectionem in hoc puncto clare probaverit. Ita Prümmer, *Man. J. Eccl.* tom. II *de exemp.* Q. 177, edit. 1907: Schmalz. n. 277 sp. Si quaestio vero moveatur de iis exemptionibus aut subjectionibus, quae in Codice exprimuntur, recursus institui debet ad Commissionem Pontificiam pro authentica cononum interpretatione. Constat ex Motu proprio Smi. Dni. n. Bened. XV *Cum juris*, 15 Sep. 1917.

Diximus recurrendum esse ad praedictam Commissionem quando agitur de casibus in Codice expressis, siquidem munus interpretandi proprium Commissioni restringitur ad canones in Codice contentos, ac proinde si agatur de ceteris privilegiis peculiaribus singulis Ordinibus, vel defuerit certa de re pertinente ad mutuas relationes loci Ordinarios inter ac regulares expressum Codicis vel alius canonicae legis praescriptum, tunc interpretatio eorum privilegiorum necnon de finitio hujus normae ad S. C. de Rel. spectat, juxta ipsius Dicasterii competentiam (c 251). Cfr. Maroto, *Comm. pro Rel.* Feb. 1920 *Annot.* X, XI. Quinimo ad ipsam Congregationem spectare videtur Codicis canonum circa ipsas exemptiones religiosorum interpretatio *extensiva* vel *restrictiva*. «Porro interpretatio proprie extensiva, ait prael. Maroto, l. c. *Annot.* X, qua lex protenditur ultra terminos in ea reapse contentos, sicut etiam interpretatio proprie restrictiva, qua lex coarctatur citra terminos eidem revera assignatos, nonnisi abusive et per similitudinem, interpretationis nomen recipiunt, cum prae tergrediantur limites verae interpretationis et naturam induat novae legis; hinc videntur excedere auctoritatem Commissionis, cui unum interpretandi munus fuit attributum, non potestas legifera; quod plane confirmatur hoc ipso Motu proprio *Cum juris*, ibi enim decernit Pontifex ut non Commissio sed Sacrae Congregationes curent *majorem efficientiam*, *explanationes* et *complementa* praescriptis Codicis afferre, maxime autem novas condere leges Codici inserendas».

## § III.—De revocatione privilegii exemptionis

Circa revocationem regularium exemptionis idem ac de interpretatione dicendum est: uni scilicet Sedi Apostolicae illam revocare competit, utpote quae unice exemptionem ab episcopali potestate concedere valet. Cfr. Maroto, *Institutiones*, v. II. p. 516. n. 5. Sed notari oportet quod in illis verbis c. 71: «Per legem generalem revocantur privilegia in hoc Codice contenta» nullatenus comprehenditur privilegium exemptionis regularium, licet in Codice contineatur. Ratio est. quia privilegium istud elargitum fuit ac pluries confiamatum in forma communi et specifica per indulta et rescripta particularia seu specialia ante et post Concilium Tridentinum, ut explicatum manet in articulo de Historia xeemptionis. Superfluum tamen non erit alia nunc afferre testimonia. Itaque Clemens VIII in sua Const. *Ratio pastoralis officii* de die 20 Dec. 1597 in favorem Ordinis Minorum confirmavit «omnia et singula privilegia, facultates... in iis omnibus in quibus Decretis Concilii Tridentini non adversentur... etiam per modum communicationis et extensionis inter se et cum aliis Ordinibus Mendicantibus et non Mendicantibus... ex certa scientia... supplentes omnes et singulos juris et facti et alios quoscumque defectus... in omnibus et per omnia, ac si specialiter et expresse eisdem Fratrum Minorum et S. Clarae per nos concessa fuissent...» (1) Pro PP. Sotietatis Jesu exstat Breve Leonis XIII, cujus initium est *Dolemus*, 13 Jul. 1886, quo iterum confirmantur singula Jesuitarum privilegia, facultates, indulta, &, etiam per communicationem habita. A. S. S. v. XIX, p. 49.

Jamvero praedictae exemptiones, tametsi concessae de novo sint ac confirmatae per canones Codicis vim etiam obtinent *juris particularis* seu *specialis*, iisdemque applicari debet praescriptum can. 4, juxta quem «jura aliis quaesita, itemque privilegia atque indulta, quae ab Apostolica Sede ad haec usque tempora personis, sive physicis sive moralibus concessa, in usu adhuc sunt necrevocata, integra manent, nisi hujus Codicis canonibus expresse revocentur». Proinde revocatio hujusmodi regularium exemptionum moderatur normis ac dispositionibus pro rescriptorum revocatione statutis in c. 60 parag. 2, cujus tenor est: «Per legem contrariam nulla rescripta revocantur, nisi aliud in ipsa lege caveatur, aut lex lata sit a Superiore ipsius rescribentis». Ex quibus verbis apparet exemptiones ac privilegia a Romanis Pontificibus Ordinibus regularibus ante Codicem, et a fortiori post Codicis vigorem, concessa vel concessura, firma et intacta manere donec per clausulam, quae expressam de iisdem privilegiis mentionem faciat revocentur.

Demum adbertendum duxi quod juxta plurium auc-

(1) Vid. Const. penes Reiffenst. l. tit. III *de Resc.* n. 58 et Ferraris, v. *Privil.* art. I. n. 26.

torum sententiam, privilegia regularium non censentur revocata per clausulas generales revocotarias sive sint *communes*, ut «non obstantibus quibuscumque privilegiis», sive *extraordinariae*, ex. gr,: «non obstantibus privilegiis quibuscumque sub quacumque verborum forma conceptis, etiam si eorum mentio de verbo ad verbum fieri deberet»; requiritur insuper ut de iis privilegiis expressa mentio fiat, vel ipsis derogetur per clausulam *specialem*, qua nempe aliquod privilegium in specie determinatur. Sane cum agatur de re magni momenti, concernente Ordines regulares, de Ecclesia Dei tam benemeritos, revocatio privilegiorum quoadeos, specialem et expressa mmentionem exigere videtur. Ita cl. Mocch. I. n. 704. In dubio autem, uti docent auctores a Salmanticensibus et Mocch. l. c. allegati, non praesumitur privilegia regularium esse revocata, nisi de revocatione constet, et insuper in dubio melior ést conditio possidentis.

Nihilominus si aliunde et clare constet Snmmum Pontificem sub verbis generalibus etiam praefata privilegia in revocatione velle comprehensa, absque dubio et ipsa revocarentur: non enim mens verbis, sed verba menti sunt conformanda. Quod ita explicat cl. Chokier, p. 247; «Quandocumque constat de mente Pontificis derogare volentis, priori privilegio sufficit, ut privilegium illud censeatur revocatum quibuscumque verbis Pontifex utatur, Feder. de Senis, confes. 335... Quemadmodum enim in dispositione privilegii semper dicimus mentem concedentis esse intuendam, etiam si a proprietate verborum esse recedendum, ita et in revocatione privilegii dicendum est, contrariorum enim eadem esse solet disciplina». Hoc accideret si revocatio fieret *motu proprio et ex certa scientia*, vel *ex plenitudine potestatis*, quia hujusmodi clausulae denotant, Papam habere cognitionem de talibus privilegiis, et consequenter etiam voluntatem eadem revocandi. (1)

(1) Cfr. Schmalz. l. c. n. 229; Mocch. l. c. n. 705.

## § IV.—De exemptionum quarumdam revocatione.

Potquam locuti sumus de revocatione regularium exemptionum in genere, praestat aliqua nunc disserere circa illa privilegia et subinde exemptiones, quae *per communicationem* Ordinibus regularibus collatae sunt et factae omnibus illis communes.

Omnes enim norunt regulares, praesertim Mendicantes, plenissimam revera inter se et absolutam communicationem privilegiorum ante promulgationem Codicis obtinuisse. Hoc manifeste patet ex variis constitutionibus Pontificiis, praesertim Julii II, Leonis X, et S. Pii V. (1) Jam supra adduximus Bullam Clementis VIII *Ratio pastoralis* necnon Breve *Dolemus* Leonis XIII, quibus demonstratur existentia hujus amplissimae communicationis in Ordinibus Minorum et Jesuitarum. Quinimo plures auctores innixi clausulis efficacissimis et cassativis appositis in relata Bulla Clem. VIII, per quam confirmata fuere privilegia FF. Minorum, inferunt praedictum Ordinem et etiam ceteros Ordines Mendicantes communicare in omnibus privilegiis Soc. Jesu, etiam in illis, in quibus reperitur clausula exceptiva, ut est sequens, qua usus est Gregorius XIII: «Ne illis per communicationem fruantur ceteri Mendicantes». (2)

Ceterum hujusmodi communicationes plerumque considerari debent et de facto sunt *directae concessiones*, quando scilicet verba privilegii hoc satis clare exprimunt. Cfr. A. S. S. v. I. p. 91-98. Ita verificatur in praefata const. Clem. VIII, qua Summus Pontifex confirmavit FF. Minorum «privilegia, immunitates, exemptiones... *etiam per modum communicationis et extensionis*... sub quacumque forma, et expressione verborum concessa... in omnibus et per omnia, *ac si specialiter et expresse* eisdem FF. Minorum et S. Clarae... per nos concessa fuissent...»

---

(1) Cfr. Reiffenst. l. c. n. 55; Schmalz. l. c. n. 87; Ferraris, v. *Priv.* art. I n. 23; Morch. I. n. 680 sq.

(2) Vid. Ferrar. l. c. n. 27-28; Reiffenst. il. n. 63; Verm. I. n. 356.

Ita res se habebat usque ad promulgationem Codicis Juris Canonici, cujus c. 613 novam in hac materia inducit disciplinam, consequenter et juxta doctrinam, quae in c. 64 proponitur circa naturam communicationis privilegiorum. En textus c. 613par. I: «Quaelibet religio iis tantum privilegiis gaudet, quae vel hoc in Codice continentur, vel a Sede Apostolica directe eidem concessa fuerint, exclusa in posterum qualibet communicatione».Et in parag. 2 dicitur: «Privilegia, quibus gaudet Ordo regularis, competunt quoque monialibus ejusdem Ordinis, quatenus eorum sint capaces». Tenor vero alterius can. 64 est sequens: «Per communicationem privilegiorum etiam in forma aeque principali, ea tantum privilegia impertita censentur, quae directe, perpetuo et sine speciali ratione ad certum locum aut rem aut personam concessa fuerant primo privilegiario habita etiam ratione capacitatis subjecti, cui fit communicatio». Haec praescripta hujus ultimi can. cum communi doctorum sententia ac declarationibus Julii II circa modum intelligendi et interpretandi privilegiorum communicationem optime consonant, si excipiatur illa condicio a Codice requisita de *directa* concessione primo privilegiario facta; quae condicio, excludens participationem in privilegiis jam per communicationem habitis, fundamentum praebet restrictioni alterius can. 613, quod religio scilicet iis tantum fruatur privilegiis, quae eidem directe concessa fuerint, et illa tantum et exclusive monialibus ejusdem Ordinis communicentur.

Nunc vero exsurgit quaestio circa sensum illorum verborum c. 613: «...quae directe eidem concessa fuerint», utrum nempe referantur ad privilegia ante Codicem promulgatum acquisita et consequenter censeri debeant abrogata omnia privilegia, quibus diversae religiones ex antiqua legitima communicatione usque adhuc fruebantur; vel potius illa verba de privilegiis in posterum acquirendis intelligere debeamus, ita ut sensus canonis sit iste: «Quaelibet religio (ergo etiam Ordo exemptus) iis tantum privilegiis gaudet, quae vel hoc in Codfce continentur (expressa nominatim et etiam implicita vi can. 4, ideoque *etiam illa, quae sive per directam concessionem sive per communicationem acquisita sunt ante Codicis vigorem)*, vel a Sede Apostolica dircte eidem concessa fuerint (quoad futuras tantum concessiones), exclusa in posterum qualibet communicatione (earum scilicet novarum concessionum, de quibus in clausla praecedenti)».

Primam interpretationem tenet Martin Leitner; (1) amplectitur etiam subtilique argumentatione propugnatur a cl. Blat, *De Pers.* p. 601, necnon a PP. Bondini, *De Priv. exem.* p. 15, 50, et Biederlack-Führich, *De Relig.* p 258. Altera defenditur a prael. August. v. III. p. 333 et v. I. p. 157, qui nititur principio juxta quod lex non habet effectum retroactivum. (2) Haec est etiam sententia cl. PP. Verm. in suo op. *Summa N. J. C.* n. 222, M. Brandys, O. F. M. *(Rechtsbuch fur die Relig.*, Paderborn 1920. Nr. 89) et D. Prümmer, *Man. J. E.* p. 303, qui hanc interpretationem sequentibus evincit argumentis: «a) possessio centenaria vel immemerabilis inducit praesumptionem privilegii concessi (c. 63 par. 2). Jamvero possessio privilegiorum in hoc casu saepe est plus quam centenaria. b) Omnia privilegia, quae ab Apostolica Sede ad haec usque tempora concessa in usu adhuc sunt, integra manent, nisi hujus Codicis canonibus expresse revocentur (c. 4). Jamvero privilegia nonnulla sunt religiosis concessa a Sede Apostolica per communicationem, neque sunt expresse vel clare revocata in Codice jur. can. Ergo illa privilegia, videntur integra manere».

Ex praedictis igitur rationibus et ex eo potissimum quod verba can. 613 nullo modo excludant favorabilem interpretationem, uti superius ostendimus, sustineri potest praedictam communicationem privilegiorum suum valorem legitimum adhuc retinere. Nam «in dubio num aliquod

(1) *Handbuch des Katholischen Kirchenrechts*, Regensburg und Rom 1919, pag. 417.

(2) «Leges respiciunt futura non praeterita, nisi nominatim in eis de praeteritis caveatur» (c. 10).

canonum praescriptum cum veteri jure discrepet, a veteri jure non est recedendum» (c. 6 n. 4); et hic tandem applicari debet tritum juris principium: «in dubio melior est condicio possidentis». Vid. Fantani opere cit. n. 277.

## CAPUT III

## Exemptio personalis.

Quoad exemptiones personales imprimis determinandum est quaenam sint de facto personae iis immunitatibus gaudentes, quod erit objectum primi hujus capitis articuli in duas divisi paragraphos, duabus speciebus regularium respondentes, viris nempe ac monialibus.

### ARTICULUS I

#### De iis qui hoc privilegio fruuntur.

#### § I.—Quoad regulares viros.

Quod spectat ad regulares viros hoc privilegio fruentes exstant cc. 500 par. I et 615, quorum primus statuit: «Subduntur quoque religiosi Ordinario loci, iis exceptis qui a Sede Apostolica exemptionis privilegium consecuti sunt, salva semper potestate quam jus etiam in eos locorum Ordinariis concedit». In altero vero canone determinantur quinam sunt isti religiosi exempti ab Ordinarii loci jurisdictione. Ait enim c. 615: «Regulares, novitiis non exclusis, sive viri sive mulieres, cum eorum domibus et ecclesiis, exceptis iis monialibus quae Superioribus regularibus non subsunt, ab Ordinarii loci jurisdictione exempti sunt, praeterquam in casibus a jure expressis». Nunc vero in memoriam revocandae sunt notiones in primo hujus thesis articulo traditae de subjecto privilegii exemptionis. Ex illis infertur nomine *regularium* venire religiosos illos qui vota licet temporaria tantum nuncuparunt in *Ordine* seu Religione in qua vota sollemnia emittuntur quo nomino venire etiam diximus et Congregationes monasticae et ipsa monasteria *sui juris* seu ad nullam Congregationem monasticam pertinentia. Cfr. c. 488.

Nomine igitur regularium, quibus a Codice exemptio conceditur, comprehenduntur omnes professi licet simplici professione tantum *a)* in *Congregationibus monasticis*, quales sunt: Cluniacenses, Camaldulenses, Vallumbrosani, Carthusiani, Cistercienses, Silvestrini. Celestini (fere nunc exstincti), Olivetani ac Trappistae; *b)* in monasteriis seu Abbatiis quae ad monasticam Congregationem non pertinent; *c)* in *Ordinibus Militaribus*, quorum duo solummodo, prout notat cl. Wernz, T. III. n. 605, nunc temporis inveniuntur cum votis religiosis sollemnibus: ordo scilicet S. Joannis Hierosolymitani vulgo Equites Melitenses et ordo equitum Teutonicorum (1); *d)* in ordinibus qui *Mendicantes* appellantur nempe: ordo FF. Praedicatorum, ordo FF. Minorum hodie in tres magnas familias divisus scilicet, in Ordinem FF. Minorum de Observantia a Leone XIII, const. *Felicitate quadam*, 4 Oct. 1897, perfecte addunatum, in Ordinem FF. Minorum Conventualium et in Ordinem FF. Minorum Cappuccinorum seu Capulatorum; item ordines Mendicantes Carmelitarum, Eremitarum S. Augustini, inter quos connumerari possunt Alexiani, Hieronymitae, Paulini, Mercedarii, qui ultimus ordo ex primaeva sua institutione ordinem Militarem constituebat (cf. Wernz, l. c. n. 100): Mendicantes demum appellantur ordines Servorum B. Mariae Virginis, Mininimorum, Jesuatorum, atque Jesuitarum (vid. Ferreres, v. I. n. 787); *e)* in *congregationibus canonicorum Regularium* ex quibus paucissimi hodie supersunt, si excipiantur inclyti ordines Praemonstratensium et canonicorum Lateranensium. (Wernz, n. 604 not. 92); *f)* in ordinibus *Clericorum* sive *Presbyterorum regularium*, uti sunt: Theatini, Barnabitae, Clerici Somaschorum, Camilli, Clerici Scholarum Piarum et Clerici Matris Dei B. Joannis Leonardi; *g)* tandem in ordinibus *laicalibus*, inter quos eminet ordo FF. Hospitalarium S. Joannis de

(1) Disputatur inter auctores utrum ordines Militares quorum alumni castitatem conjugalem profitentur, uti accidit in ordinibus *Calatravae* et *Alcantarae*, sint verae Religiones. Communiter negatur eos proprie religiosos, fuisse unquam. Cfr. Ferrar. v. *Rel. Reg.* n. 27.

Dec. (1) Passionistae vero ac Redemptoristae licet votis sollemnibus careant, tamen jam a saeculo XVIII amplo exemptionis privilegio potiuntur. Cfr. A. S. S. I, p. 91-98 et Bizzarri, p. 796 sq.

Omnes isti hucusque recensiti «ab Ordinario loci» ubi ipsi commorantur sive intra propriam domum sive extra «jurisdictione exempti sunt, praeterquam in casibus a jure expressis», qui postmodum commentabuntur.

Notetur demum privilegium exemptionis extendi ad novitios praedictorum Ordinum vi verborum c. «novitiis non exclusis»; hi enim, ut observat Blat, p. 603, excludi deberent vi c. 488 n. 7, cum adhuc votis obstricti non sint. Respectu vero illorum «qui sunt de monasteriorum familia» seu «qui regularium locis actu serviunt, et intra eorum septa ac domos resident, subque eorum obedientia vivunt» (Trident. sess. 24. c. XI *de Ref.*), quibus hoc privilegium extendebatur juxta dispositionem ipsius Concilii (sess. 25. c. XI), jure actuali ex terminis praelaudati c. 615 hoc non videtur obtinere. Nihilominus praedictis familiaribus seu domesticis non pauca privilegia parcialesque exemptiones competunt, ut constat ex cc. 514 par I, 875 par. I, 1221 par. 3, &, de quibus inferius aliqua disserentur. Haec etiam valent de postulantibus seu adspirantibus ad conversorum statum, juxta normas c. 539. Vid. August. v. III. p. 337.

Quinam vero comprehendantur sub nomine *Superiorum Regularium*, quibus, si religio sit clericalis, ecclesiatica competit jurisdictio, mox enumerantur: *a*) *Superiores Majores*, videlicet: Abbas Primas, Abbas Superior Congregationis monasticae, Abbas Monasterii sui juris licet ad monasticam Congregationem pertinentis, Supremus religionis

(1) Hic ordo exemptus fuit a Paulo V per const. ***Romanus Pontifex***, confirmatam ab Urbano VIII Brevi ***Cum sicut***. Postmodum Grogorius XIII, Brevi ***In Supreminenti***. 28 Ap. 1576, extendit ad omnia hujus Ordinis Hospitalia privilegium a S. Pio V Hospitalii ac ecclesiae ***Granatensi*** concessum, quo libera ac exempta evaserunt a quavis parochiali jurisdictione quoad eleemosynas recipiendas, oblationes, necnon jura et emolumenta funeraria, quae ipsis Hospitalibus provenirent. Cfr. decl. S. C. Ep. et Reg. ***in Matriten***. 1. Ap. 1892, A. S. S. v. 24, p. 613 et Bucceroni, ***Supplem. ad Bibl. Ferrar.***, p. 528.

Moderator (Magister vel Minister Generalis, Praepositus Generalis, Prior Generalis vel simpliciter Generalis), Superior Provincialis, eorumdem Vicarii aliique ad instar Provincialium protestatem habentes (c. 488 n. 8), e. gr. Comisarii Provinciales, Vice-Provinciales, Quasi-Provinciales, qui domibus praesunt ad Provinciam jam constitutam pertinentibus vel adhuc in Provinciam non redactis, sed nihilominus ad instar Provincialium jurisdictionem habent vel quatenus Vicarii Supremi Moderatoris, vel quatenus Vicarii Superioris Provincialis. (1) Eorum tamen potestas non semel restricta a propriis Constitutionibus invenitur. (Cfr. CC. GG. FF. Minorum, nn. 561-62). Quae restrictio expressa habetur in Codice quod attinet ad jurisdictionem et potestatem Superioris Congregationis monasticae necnon Abbatis Primatis (c. 501 par. 3).

Visitatores, qui potestate *vicaria*, scilicet Provincialis aut Generalis, nomine exercita et facta nominatio, officio a Constitutionibus descripto funguntur, considerari debent ut Superiores Majores; etenim Vicarii sunt eorum, qui proprio nomine tales dicuntur (c. 488 n, 8). Attamen eorum potestas ad ea tantum extenditur, quae in mandato generali contineri praesumuntur tum ex ipsa natura rei tum ex tenore mandati et aliqua etiam ratione ex jure communi (c. 513). Cfr. *Cómm. pro Rel.* Jan. 1920, p. 31.

Omnes hucusque recensiti in jure vocantur *Ordinarii* pro suis subditis, dummodo agatur de Ordine *clericali*. C. 198 par. 1.

*b*) *Superiores locales*, uti sunt Guardiani, Priores, Rectores. Quod illis competat jurisdictio ecclesiastica, ad normam quidem Constitutionum et juris communis exercenda, constat ex eo quod veri nominis Superiores vocantur et sunt, quibus talis jurisdictio a jure recognoscitur. C. 501 par. I. Cfr. CC. GG. FF. Minorum nn. 569, 573, 576, 578. Quoad Superiores vero, qui *Priores Conventuales* vo-

(1) Cfr. CC. GG. FF. Minorum (1913) nn. 557-562; Mercedariorum (1895) nn. 685, 733, 634; Carmelitarum antiquae Observ. (1904) nn. 313-318.

cantur, e. gr. in Ordinibus S. Benedicti et S. Augustini, notat P. August. v. 4, p. 259 cum nota 29, illos proprie esse Superiores Majores. Cfr. etiam Biederlack-Führich, op. c. p. 37 not, 1.

Item esse Superiorem regularem communiter dicunt auctores Vicarium, qui locum obtinet Superioris localis defuncti vel amoti, non ita dicendum de Vicario qui a Superiore locali dependet, etiam durante absentia ejus Guardiani vel Prioris, quia jurisdictio talis Vicarii delegata censetur. «In partem tamen potestatis dominativae venire solet, ita ut in Superioribus referri possit» (Piatus, tom. I. P. IV. c. 2. Q. 370).

Omnes isti Superiores Ordinum clericalium sive Majores sive locales proprio nomine *Praelati* in jure dicuntur, utpote qui jurisdictionem ordinariam in foro externo exercent, (c. 110). Uti patet, in Ordinibus laicalibus sive virorum sive mulierum Superiores tum Majores tum locales nec Ordinarii nec Praelati vocari possunt.

Alii vero, quibus in Ordinibus religiosis proprii nominis delegata potestas committitur, sive sint *Delegati a Jure* (1) sive *ab homine*, nequeunt appellari Superiores regulares licet jurisdictionem proprie dictam exerceant. Cfr. Maroto, *Institutiones*, II. n. 704 cum not. I.

De hoc argumento audire liceat cl. Elbel, P. IX, n. 304: «Ad ordinariam jurisdictionem, inquit, etiam revocari debent potestates Superiorum regularium: enimvero *quasi-Archiepiscopalem* potestatem possident Generales respectu totius Ordinis sibi subjecti; *quasi-Episcopalem* obtinent Provinciales respectu suarum Previnciarum, item Abbates exempti respectu suorum monasteriorum exemptorum; *quasi-Parochialem* possident Guardiani, Priores, Rectores aliique immediati Superiores religiosorum Ordinum respectu suorum subditorum, quippe quorum animas vi sui

---

(1) Ex gr. in casu a CC. GG. FF. Minorum contemplato n. 515, qui est: «Quoties Minister Generalis a Curia Generali discedit, Procurator Generalis munere *Delegati a jure* fungitur et negotia Ordinis expedire debet». Cfr. etiam n. 550.

officii pascere tenentur». Qnod postremum assertum cl. Elbel intelligendum est quoad forum internum, nam quod ad forum externum attinet multum differt condicio Superiorum localium Ordinum religiosorum a condicione Parochorum, siquidem primi veram jurisdictionem in foro externo exercent, quae recte *quasi-Episcopalis* appellari solet (1). Hoc quidem non obtingit Parachis, qui tantum in foro interno jurisdictionem habent ordinariam, quoad forum autem externum nullam veram jurisdictionem ordinarian obtinent, sed solummodo quamdam administrativam potestatem, ut communiter docent auctores. Attamen fatendum est novum jus quasdam conferre Parochis potestates, quae vix non implicant jurisdictionem in foro externo. Hujusmodi sunt facultas dispensandi super forma matrimonii ejusdemque impedimentis in casibus contemplatis per cc. 1044 1045 par. 3, necnon illorum potestas dispensandi a lege communi de observantia festorum itemque de observantia abstinentiae et jejunii ad normam c. 1245 par. 1.

## § II. —Quoad moniales.

Notatu dignum videtur Codicem ad elargiendam religiosis feminis votis sollemnibus adstrictis exemptionum praerogativas haud adhibere vocabulum «*monialium*», prout in citato canone 488 n. 7 appellantur, sed potius eas vocare «*mulieres regulares*» (2); quod nomen per analogiam cum illo altero: «*viri regulares*», designat religiosas feminas quae vota nuncuparunt in aliquo Ordine, idest, in religione ubi vota sollemnia emittuntur. Unde infertur simili ratione accipi debere personarum exemptarum ambitum in Ordinibus mulierum ac in ordinibus virorum. Igitur sub nomine «*regularium mulierum*» comprehendantur oportet non tantummodo religiosae quae jam emiserunt vota sollemnia, quaeque proprie venirent nomine «*monialium*», sed etiam

---

(1) Cfr. Mocch. I n. 831: Verm. I. n. 412, 3: Appeltern - Piatus. *Prael. juris Reg.* P. IV c. 2· Q. 370, Vide tamen quae circa hunc punctum pulchre disceptat cl. Biederlack-Führich. p. 71 nota 1.

(2) «*Regulares* sive viri sive *mulierieres*...» (c. 613).

illae quae ad normam c. 574 par. I, simplicium votorum professionem tantum praemisserunt.

Hanc enim censeo primam et potiorem fuisse rationem adhibendi expressionem illam: «mulieres regulares» potius quam alteram: «moniales», quae in sequenti clausula praedicti c. 615 occurrit. Alia vero forte exstitit ratio praefata utendi formula, ut nulla scilicet mutatio induceretur circa dependentiam ab Ordinariis locorum in personis et locis earum religiosarum, quarum vota ex instituto sunt quidem sollemnia, sed ex S. Sedis praescripto evadunt simplicia, quae tamen religiosae in Codice *moniales* appellantur, c. 488 n. 7. Ita sunt omnes moniales commorantes in Belgio, Gallia (1) et Statibus Federatis Americae Septentrionalis, exceptis quoad hanc nationem quinque monasteriis Ordinis Visitationis Btae.Mariae Virginis, ut declaravit S. C. EE. et Reg. die 20 Sep. 1864 ap. Bizz. *Coll.* p. 735.

Praefatae enim moniales sub omnimoda jurisdictione Episcoporum pariter ac ante Codicis vigorem remanent. Constat ex declaratione S. C. de Rel. 22 Maii 1919 A. A. S. v. XI. p. 240. Ex qua tamen lege excipi debent aliqua licet paucissima monasteria, quae ex indulto speciali in praedictis Europae regionibus pristinam ab episcopali jurisdictione immunitatem obtinuerunt, necnon in Belgio Moniales Ordinis Carmelitarum, quae ex concessione Episcoporum subduntur primi sui Ordinis Superioribus. Cfr. Verm. *Summa*. n. 170. Moniales e contra, quae adhuc in Statibus Federatis A. S. vota sollemnia emittunt, non regularibus Praelatis sed Ordinariis locorum subjiciuntur. Cfr. August. III. p. 101. Ex dictis infertur haud licere a votorum qualitate dsitinctionem sumere, ut discernere possimus utrum potius ab Ordinariis locorum quam a regularibus Praelatis moniales dependeant; nam, ut observat cl. Maroto, *Comm.*, Sept. 1920, p. 259, «non fuit unquam jure communi sancitumt Moniales, quae votis sollemnibus careant,

(1) Nam in regionibus quae ante annum 1803 a Gallia pendebant haud fuit restitutum monialibus exemptionis privilegium, quod occassione Gallicae revolutionis am serant. V. Verm. *Summa*. n. 170.

dummodo sint verae Moniales, non posse auctoritati Superiorum regularium sui Ordinis subesse...; quinimo per se Moniales ipsae, quae olim subjiciebantur Regularibus, nunc etiam istis deberent subiici, quamvis nonnisi vota simplicia profiteantur; siquidem hujusmodi Moniales pertinent adhuc suo quaeque Ordini...»

Notandum insuper est, *in Hispania* religiosas omnes, etiam votorum sollemnium, loci Ordinario subjectas esse, juxta encyclicam S. C. Ep. et Reg. *Peculiaribus inspectis*, 10 Dec. 1858. Haec est transitoria praescriptio, orta ex specialibus Hispaniae adjunctis, eaque singulis trienniis renovatur, adjecta in indulto clausula: «nisi interim a Sancta Sede aliter provideatur». Cfr. A. A. S. v. III, p. 239.

Quoad moniales vero, quae ante Codicem promulgatum subdebantur *immediate* Romano Pontifici et plerumque ab Episcopis, tanquam Sedis Apostolicae delegatis regebantur, dicendum illas jure actuali episcopali subesse jurisdictioni, ut videtur, *ordinariae*, quod apparet ex verbis exceptivis prael. c. 615: «...*exceptis iis monialibus quae Superioribus regularibus non subsunt*, ab Ordinarii loci jurisdictione exempti sunt»; ideoque practice nunc evanuit antiqua distinctio inter moniales illas *immediate* subjectas Apostolicae Sedi et alias *directe* subditas Ordinariorum locorum jurisdictioni; tantum remanent duo monialium genera, earum nempe quae a Praelatis regularibus et earum quae ab Ordinariis locorum dependent.

Ratio vero cur moniales subjectae esse debeant alicujus ecclesiastici Praelati jurisdictioni in eo consistit, quod earum Superiorissae incapaces sunte xercendi potestatem jurisdictionalem, ac proinde necesse est ut subjiciantur auctoritati vel alicujus specialis delegati Pontificii (quod nunc rarissime fit), vel constituantur sub potestate alius intermedii Praelati ecclesiastici, qui non potest esse nisi regularis Superior pro monialibus sui Ordinis, vel loci Ordinarius. Cfr. Maroto, l. c. *Annot.* I. Ad dignoscendum vero quae sin moniales subditae Superioribus regularibus inspiciendae sunt singularum earum Constitutiones, ut constat ex par. 2 c. 500, quae ita loquitur: «Moniales quae sub jurisdictione Superiorum regularium ex praescripto Constitutionum sunt, Ordinario locis ubduntur tantum in casibus jure expressis», in ceteris vero ab ipsius potestate subtrahuntur. Attamen prae oculis habendae sunt peculiares S. Sedis dispositiones, e. gr. circa praedictas moniales Galliae, Belgii, Hispaniae ac Statuum Fed. Americae Sept.

Denique ea quae respective diximus de novitiis et postulantibus conversis in Regularium virorum familiis eadem ratione applicanda sunt novitiis ac postulantibus monialium exemptarum.

## ARTICULUS II

### Praecipuae exemptiones Personales.

Privilegium exemptionis, utpote quod ab ipso jure communi concessum, habet vim universalem, ideoque subtrahit exemptos a qualibet Ordinarii loci subjectione, salvis casibus qui nominatim probantur excepti. Constat quia execeptiones corrigunt jus superius «quo, ut ait Verm. I. n. 365, plenissima sanciebatur exemptio et noluerunt generalem vim tollere exemptionis ante concessae», ac proinde in Codice simpliciter dicitur regulares exemptos esse «praeterquam in casibus a jure expressis». Et hoc valet tam pro personalibus quam pro localibus aut mixtis immunitatibus.

Itaque exemptio ista, praeter omnimodam regularium independentiam *quoad regimen internum*, includit praesertim *incompetentiam tribunalium dioecesanorum ad vocandos coram se et judicandos exemptos*, necnon *istorum jus proprias causas directe tractandi coram Sede Apostolica* (S. C. de Rel.); etiam implicat *immunitatem incurrendi censuras episcopales*, eosque eximit *ab observantia statutorum decretorumve episcopalium*, nisi quatenus sacrum ministerium et curam animarum attingunt.

I. Regimen internum.—Jamvero quod ad regimen et gubernium internum spectat, regulares liberi sunt a potestate Ordinarii loci et ideo subduntur immediate propriis

Superioribus, a quibus reguntur potestate non tantum dominativa, quae omnibus Superioribus et Capitulis religiosis competit (1), verum etiam potestate jurisdictionali (c. 501 par. 1) seu illa potestate publica quae versatur circa aliorum regimen et gubernationem (Cfr. Reiff. tit. 29 lib. I *Decr*. n. 3), quam obtinent ex auctoritate Summi Pontificis suam jurisdictionem participantis Capitulis ac Superioribus regularibus. Etenim cum religio exempta relationem directam ad Ecclesiam, societatem perfectam, dicat, ac proinde stricto sensu vocari debeat *persona publica* (moralis), regatur oportet auctoritate *publica*, idest, potestate jurisdictionis, quam participat ex auctoritate ipsius Ecclesiae et consequeter Papae. Quod ita explicat cl. Maroto, lib. II. n. 459, 3: «Se llama publica en sentido estricto aquella persona moral que inmediata y formalmente es parte de una sociedad perfecta o dice relación directa a la misma, v. gr. la Sede Apostólica, las Sagradas Congregaciones, las diocesis, las *Religiones exentas*, etc... De aquí que si las personas publicas son colegiales, se rijan por autoridad pública, es decir por la potestad de jurisdicciòn que participan de la autoridad de la sociedad...»

Haec autem participata jurisdictio, quae non ex contractu humano sed a Deo integra provenit (cfr. c. 196), concessa est ad subditos etiam extrinsece informandos ac regendos, eosdemque puniendos, docendos atque sanctificandos (cfr. c. 501 par. 1).

Praefatam vero jurisdictionis potestatem hic notari debet minime competere Superioribus Ordinum laicalium (sive virorum sive mulierum) jure saltem ordinario, quia ex speciali R. Pontificis commissione aliquando haec eis delegari potest. Cfr. Schmalz. tit. 29 lib. I *Decr*. n. 14. Ratio patet, quia soli clerici possunt hanc potestatem obtinere (c. 118), utpote quae derivatur ab illa spirituali clavium potestate a Christo Domino solis Ministris Ecclesiae conce-

(1) Quae potestas derivatur a voluntate profitentium talem regulam cum obligatione obediendi secundum illam. Cfr. Suarez, *De Rel*. tom. III. lib. 2. c. 18. n. 5.

ssa, et licet aliquando in Superiores hujusmodi religionum clerici assumantur, Codex nohilominus veram jurisdictionem ordinariam in unis Superioribus clericalium religionum exemptarum agnoscit. (1)

II. CAUSAE REGULARIUM.- -Superiores Ordinum regularium potestate donantur in suos subditos inquirendi eorumque causas cognoscendi, exceptis iis quae ad S. Officium spectant (c. 501 par. 2). Cum vero potestas judicialis tantummodo competat Superioribus Majoribus religionis clericalis exemptae (c. 1579 par. 1, 2), ideo in conventibus monialium processus judiciales institui nequeunt nisi a Praelatis regularibus, quibus illae subjiciuntur, vel ab Episcopo si ab ipso dependent. Cfr. Biederlack-Führich, n. 92, 4. Advertere etiam expedit Superiorem Congregationis monasticae, tametsi non habeat omnem potestatem et jurisdictionem quam jus commune tribuit Superioribus Majoribus (c. 501 par. 3), veram tamen potestatem judiciariam saltem in gradu appellationis ab ipso jure communi obtinere, non secus ac ceteri regulares Praelati, ut constat ex cc. 655, 1594 par. 4 coll. 1579 par. 1, 2. Aliter dicendum de Abbate Primati qui praeest confederationi *Benedictinorum*, qui vulgo *Nigri* dicuntur, quin veram jurisdidictionem supra singulas Congregationes aut Abbatias vel supra Abbates aut monachos exerceat; solummodo gaudet potestate ordinaria in Collegium S. Anselmi, Romae, cujus est Abbas. (2)

A). Jamvero quoad *causas dimissionis religiosorum* eximuntur regulares a quolibet interventu Ordinarii loci, etiam si agatur de dimittendo religioso sollemniter professo pertinente ad Abbatiam nulli adnexam Congregationi; quo in casu statuit S. C. de Rel., 16 Maii 1911 (A. A. S. III. p. 235) ut ad S. Sedem recursus instituatur. Pro ceteris vero regularibus servandus est in singulis casibus processus peculiaris in cc. 654-668 praescriptus. Quod tamen non requiritur quando agitur de dimissione regularis professi a votis tantum temporariis; tunc enim eum dimittere

(1) C. 501 par. 1. Cfr. etiam cc. 875 par. 2 et 1579 par. 3.

(2) Vide Augusti. v. III. pp. 112 et 398.

potest supremus religionis Moderator vel Abbas monasterii sui juris cum consensu sui cuiusque Consilii (c. 647), servatis tamen praescriptis par. 2 ejusdem canonis.

Si vero agatur de *monialibus* Praelatis regularibus subjectis, quae jam vota sollemnia nuncuparunt, transmissio actorum et documentorum ad S. C. de Rel., cui soli dare competit decretum dimissionis, ad loci Ordinarium spectat, qui una simul cum voto Superioris regularis votum suum apponere debet (c. 652 par. 2). Moniales autem votorum temporariorum «dimittere potest Ordinarius loci et, si monasterium sit regularibus obnoxium, Superior regularis, postquam monasterii Antistita cum suo Consilio fidem de causis scripto fecerit» (c. 647 par. 1). Verba hujus canonis, ut recte observat laud. Biederlack-Führich, p. 298, ita intelligi possunt, ut Superior regularis *solus* dimissionem decernere valeat, «sed decretum *Cum singulae* S. C. de Rel. 16 Maii 1911 (A. A. S. III. p. 238), ex quo praescriptiones Codicis desumptae sunt, clare dicit causas graves probandas esse ab Ordinario loci et *etiam* a Superiore regulari, unde patet eos simul procedere debere». Denique praescribit c. 653 ut «in casu gravis scandali exterioris (idest, prodeuntis extra religiosam domum) vel gravissimi nocumenti communitati imminentis (quod judicari debet ab ipso Praelato dimittente, de quo postea), religiosus (non quidem regularis vir, si ad ordinem pertineat *clericalem*, utique vero si ad *laicalem*) statim potest a Superiore Majore cum consensu sui Consilii (ergo sine interventu loci Ordinarii) vel etiam, si periculum sit in mora et tempus non adsit adeundi Superiorem Majorem, a Superiore locali cum consensu sui Consilii *et Ordinarii loci*, ad saeculum remitti, habitu religioso illico deposito, ita tamen ut res per ipsum Ordinarium (de quo non antea quando intervenit ad dimissionem) aut per Superiorem Majorem, si adsit (hoc est: in aliis casibus), S. Sedis judicio sine mora subjiciatur» (c. 653). Haec dispositio valet etiam pro monialibus Superioribus regularibus subjectis, ad normam c. 490. Ratio est quia ponitur immediate post canones agentes de monialibus et sororibus, sic innuens naturam generalem canonis respectu inscriptionis tituli (Blat pag. 638); et insuper apprime congruit decreto S. C. de Rel. (16 Maii 1911), cujus haec sunt verba: «Solummodo in casu gravis scandali exterioris, *monialis* vel soror, Episcopo loci approbante, statim ad saeculum remitti possit, ita tamen ut S. Sedis confirmatio absque mora petatur». A. A. S. III. p. 238. Approbatio Episcopi nunc juxta canonem laudatum necessaria est tantummodo quando tempus non adest Superiorem Majorem adeundi et simul periculum est in mora. Cfr. Blat, l. c.

B). Quoad *causas nullitatis professionis religiosae* sciendum est illas vi decreti Trid., sess. 25. c. 19 de Reg. et const. *Si datam* Benedicti XIV, 7 Martii 1788, praeterito jure pertractari debuisse forma judiciali. Judices assignati a Tridentino erant Superior regularis et Ordinarius loci, quibus adjungebatur defensor professionis religiosae. Ad hunc finem Ben. XIV in cit. const. iniunxit Ordinariis locorum ut in sua quaque dioecesi hujusmodi constituerent professionis religiosae defensorem, cui idem incumbebat officium ac defensori vinculi matrimonialis. Tandem, ut quis licite relinquere potuerit religionem, duas conformes pro nullitate professionis sententias, non secus ac in processu matrimoniali, obtinere debebat. Nostro vero jure tota res deferri oportet ad S. C. de Rel. (c. 586), quae juxta regulas suae competentiae (c. 251) negotium pertractavit probabilissime in via administrativa, ut censet cl. Biederlack-Führich, p. 290.

C). De causis vero *quae reservantur S. Officio* statuit c. 501 par. 2: «Superioribus quibuslibet districte prohibetur, quominus in causis ad S. Officium spectantibus se intromittant». Istae causae, prout ex variis SS. Pontificum constitutionibus habentur, sunt sequentes: a) crimina haeresis vel schismatis et quae in jure inferunt suspicionem haeresis: (1) b) causae illorum, qui Episcopos vel Inquisi-

(1) Const. *Romanus Pontifex* Pauli V; const. *Licet alias* Alexandri VII.

tores in inquisitionis negotio impediunt vel perturbant; vel in haeresis crimine cognoscendo vel judicando sponte sese ingerunt, const. *Liceat a diversis* Julii III; c) causae offendentium statum, res et personas S. Officii eorumque filios, necnon complicum et fautorum, const. *Si de protegendis* S. Pii V; d) causa sacerdotum sollicitantium ad turpia in actu vel pretextu confessionis, const. *Sacramenti Poenit.* Bened. XIV et c. 904: e) causae illorum, qui absolutionis denegationem comminantur poenitentibus, nisi isti manifestare consentiant complicum nomen, habitationis locum vel alias circumstantias, ex quibus in eorumdem cognitionem deveniri possit, const. *Ubi primum* Ben. XIV; f) causae illorum, qui, ad ordinem presbyteratus minime promoti, Missas celebrant et Poenitentiae Sacramentum ministrant (1); g) causae exercentium artem astrologiae judiciariae, et alia quaecumque divinationum genera librosque ejusmodi legentium vel tenentium, cont. *Coeli et terrae* Sixti V et *Inscrutabilis* Urbani VIII; h) causa non solum illorum qui jusjurandum contra modernistarum errores datum violaverint, sed etiam qui jusjurandi formulam subscribere renuerint (2); i) tandem «clerici et religiosi nomen dantes sectae masonicae aliisque similibus associationibus denuntiari debent S. C. S. Officii» (c. 2336 par. 2).

Delicta quae enumerantur sub litteris d*)*, e*)*, f*)*, g*)*, necnon illius qui falsum testimonium in causis de fide protulerit, antea suspicionem haeresis inducebant. Crimina vero quae in Codice suspicionem haeresis inferunt ideoque cadunt etiam sub jurisdictione S. Officii, sunt ea de quibus agunt cc. 2315, 2316, 2319 par. 1 n. 2-4, 2320, 2332, 2340 par. 1 et 2371. De iis enim omnibus cognoscere et judicare, exclusis omnino Superioribus religiosis, spectat ad S. Offi-

---

(1) Const. ***Officii nostri*** Greg. XIII; ***Etsi alias*** Clem. VIII: ***Apostolatus offiicium*** Urbani VIII; ***Sacerdos*** Bened. XIV.

(2) Pius X Motu proprio ***Sacrorum Antistitum*** 1 Sep. 1910 et S. C. C., declaratio 25 Sep. 1910 ad IX, A. A. S. v. II. p. 741. Ex responso S. Officii 22 Mart. 1918 (A. A. S. v. X. p. 136) praescriptae abjuraciones modernismi in vigore manent donec sancta Sodes aliter statuerit.

cium vel ad loci Ordinarium, tanquam «inquisitorem natum haereticae pravitatis», cui tamen (bene notetur) non subduntur regulares nisi in causis litteris a), d), f), enumeratis; in reliquis vero causis subjiciuntur S. Officio uti ceteri fideles. Cfr. Piat-Appeltern, P. IV c. 3 Q. 574 nota 6. Igitur nullo modo «nulloque titulo aut praetextu (Superiores regulares) possunt vel debent, nisi de expresso S. C. mandato, de iis iquirere, denuntiationes recipere, testes interrogare, reos excutere, judicium instituere, sententiam ferre aut alia quavis ratione vel modo in iis sese immiscere vel manus apponere: sed quos religiosi viri ex suis subditis vel confratribus vel etiam Superioribus hujusmodi criminum, (praesertim quod ad abusum sacramentalis confessionis spectat), reos vel suspectos noverint, strictim teneri, absque ulla cum aliis vel quibuscumque communicatione, nulla petita venia, nullaque fraterna correctione aut monitione praemissa, eos S. Officio aut locorum Ordinariis incunctanter denuntiare...» S. R. et U. I. 15 Maii 1901 ap. *Monum. Selecta J. R.* p. 165. Quae prohibitio, ut notat cl. Piatus, tom. II P. IV c. 3 Q. 90, non impedit, quominus Superieres possint ita casui providere ut scandalum, si quod adsit, removere nequeant, v. gr. subdito reo prohibitionem imponiendo audiendi confessiones; nec religiosos ad denuntiationem faciendam constringit ex levibus indiciis vel meris suspicionibus, quo in casu locus potest esse fraternae correptioni aut monitioni. Cfr. August. III. p. 111.

D). Coarctatur demum exemptio regularium virorum *in causis contemplatis per c. 1579 par. 3*, videlicet quando exorta est controversia «inter religiosas personas physicas vel morales diversae religionis (cujusvis), aut etiam inter religiosos ejusdem religionis non exemptae vel laicalis (licet exemtae), aut inter religiosum (quincumque ideoque etiam regularem, ut apparet ex collatione hujus clausulae disjunctivae cum praecedentibus) et clericum saecularem vel laicum»: tunc enim «judex primae instantiae est Ordinarius loci». Hanc judicialem potestatem locorum Ordinariorum in regulares non delegatam sed vere ordinariam esse patet ex eo quod ab ipso jure conceditur et quidem omnibus locorum Ordinariis, non excluso Vicario Capitulari (cfr.c. 198 par. 1) cui «per se» jurisdictio delegata non obtingit. Unde etiam appellatio in praefatis causis coram Metropolitâ interponi debet, prout statuit c. 1594 par. 4 necnon c. 274 n. 8, secundum normas par. 1-3 ejusdem can. 1594. Quoad hanc vero appellationem notari debet illud quod statuit c. 1569 scilicet: «Par I.-Ob primatun Romani Pontificis integrum est cuilibet fideli in toto orbe catholico causam suam sive contentiosam sive criminalem, in quovis judicii gradu et in quovis litis statu, cognoscendam ad Sanctam Sedem deferre vel apud eandem introducere». Quod tamen minime impedit quominus recursu ad Sedem Apostolicam interposito pergere adhuc valeat exercitium jurisdictionis in judice qui causam jam cognoscere coepit, nisi legitima intercesserit appellatio vel constiterit Sedem Apostolicam causam ad se advocasse (par. 2 ej. can.). Unde infertur regulares posse ad Sedem Apostolicam per saltum, ut vocant, appellare, quod aliquando etiam expedit, «ne successu temporis, ait Schmalz., *De Priv. exemp.* n. 262, inferiores judices majorem sibi adversus istos jurisdictonem quaerant». Cfr. etiam Mocch. I. n. 836.

III. Exemptiones quoad Poenitentiae Sacramentum.—Ordinaria potestate audiendi confessiones suorum subditorum praeterquam monialium potiuntur regulares Praelati tum majores tum locales, ad normam tamen constitutionum (c. 873 par. 2). Quod etiam Superiores locales hac jurisdictione donentur nisi obstent constitutiones constat ex prael. canone, qui hanc facultatem tribuit Seperioribus religiosis exemptis, ideoque etiam localibus. Immerito ergo cl. P. August. v. IV. p. 259, asserit hunc canonem solos respicere Majores Superiores.

Praelati regulares jurisdictionem hanc delegare valent suis sacerdotibus ad excipiendas confessiones suorum subditorum (non tamen monialium) sive sint professi sive novitii aut etiam assimulati contubernales scilicet, oblati seu adspirantes conversi, domestici seu familiares et omnes alii in religiosa domo diu noctuque degentes causa famulatus aut educationis aut hospitii aut infirmae valetudinis, ad quod sufficit ut cum intentione permanendi in conventu saltem per integrum diem quis ingressus fuerit et receptus. Ita Fanfani, n. 93. Hanc jurisdictionem delegatam conferre possunt aliis etiam sacerdotibus e clero saeculari vel regulari (cc. 875 par. 1-2, 514 par. 1), quod jam concessum invenimus a Clemente X in sua const. *Superna* data d. 21 Junii 1670 (ap. Mocch. I n. 946), sed tantum quoad confessiones illorum, qui juxta normam Tridentini, sess. 24 c. 11, «vere sunt de familia monasteriorum». Cfr. Verm. II p. 701. Nunc vero haec facultas extenditur ad confessiones audiendas omnium in regularium domibus diu noctuque degentium.

Superior pui hanc jurisdictionem tribuit esse potest Generalis vel Provincialis vel etiam Superior localis, nisi obstent constitutiones. (1) Constat ex conone citato 875, cujus tenor est: «In religione clericali exempta..., jurisdictionem delegatam confert quoque proprius eorundem Superior, ad normam constitutionum...». Idem juris erat in praeterita legislatione, ut apparet ex declaratione S. C. Ep. et Reg. 3 Jun. 1864 (ap. Bizz. p. 723). Sacerdos autem extraneus a Superiore delegatus debebat esse approbatus a suo proprio Ordinario. Ita S. C. C. *in Hildesim.* 18 Sep. 1769 (ap. Bizz. 1. c.). Nun vero constabat utrum *regularis extraneus* approbatione indigeret *loci Ordinarii*. Hodierno jure non amplius exigitur in sacerdote extraneo tum saeculari tum regulari talis approbatio Ordinarii sive proprii sive loci, nam quoad concessionem praefatae jurisdictionis delegatae aequiperantur facultates Superiorum Regularium et locorum Ordinariorum, qui sine illis restrictionibus conferre queunt saltem valide hujusmodi facultatem. (2)

---

(1) Prouti accidit in O. FF. Minorum. In numero enim 343 CC. GG. ejusdem ordinis legitur: «Nullus confessiones fratrum audire valeat, nisi a Ministr-Generali vel Provinciali facultatem obtinuerit...»: idooque Guardianus seu Supeo rior localis excluditur.

(2) Cfr. cc. 875 par. 1, 874, 877 par. 1; item Verm. *Summa*, n. 344, 2; Ferreres, *Theol. Mor.* tom. II nn. 649, 650 Q. 8.

Si sermo sit de Ordine laicali, servari debet praescriptum c. 875, qui ita sonat: «In religione laicali exempta. Superior proponit confessarium, qui tamen jurisdictionem obtinere debet ab Ordinario loci, in quo religiosa domus reperitur». Nihilominus intacta manent privilegia illorum Ordinum laicalium, quibus sacerdotes ad illos pertinentes vel etiam capellani ab ipsis non ab Episcopo designati, administrare valent, ut fere ipse parochus, sacramenta non tantum religiosis, verum etiam aliis in domo religiosa degentibus. Ita Ordo S. Joannis de Deo tam multa quoad administrationem Sacramentorum sacrasque functiones obtinuit, ut Benedictus XIV scribere possit: «Ordo ipse nedum ulli unquam parochiali jurisdictioni succubuit...» (Brevi *Creditae nobis* 7 Feb. 1757 ap. B.-Führich, p. 92 not. 1).

Praestat nunc aliqua notare de quibusdam facultatibus religiosis singulis etiam exemptis, a novo jure elargitis circa eorum confessiones, quarum prima ita exprimitur: *a)* C. 519: «Firmis constitutionibus quae confessionem statis temporibus praecipiunt vel suadent apud determinatos confessarios peragendam, si religiosus, *etiam exemptus*, (non vero *monialis*, quae includi posse videretur vi can. 490; obstant enim cc. 522 et 876 par. I, de quibus inferius) ad suae conscientiae quietem (sensu postea explanando), confessarium adeat ab Ordinario loci approbatum, etsi inter designatos non recensitum, confessio, revocato quolibet contrario privilegio (ergo, ut notat Blat, *De pers.* p. 499, cujuscumque religionis, etiam Soc. Jesu, et quibuscumque clausulis munito), valida (ob jurisdictionem confessario concessam ad normam c. 874 par. I) et licita est (dummodo sarvata fuerit mens legislatoris modo inferius exponendo); et confessarius potest religiosum absolvere etiam a peccatis et censuris in religione reservatis». Censet cl. Blat l. c., non comprehendi censuras ab homine secundum can. 2253 n. 2. Hoc privilegium extenditur etiam ad novitios et comprehendit confessiones, quas religiosi ritus latini faciunt apud confessarios ritus orientalis, et vicissim, prout declaravit

S. C. de Rel. die 3 Maii 1914 ad dubia exorta ex Decreto ejusdem S. C. (5 Aug. 1913), unde concessio hujus canonis ex integro desumpta est. Cfr. Blat, l. c.

*b)* C. 522: «Si, non obstante praescripto cc. 520, 521, aliqua religiosa, ad suae conscientiae tranquillitatem confessarium adeat ab Ordinario loci pro mulieribus approbatum, confessio in qualibet ecclesia vel oratorio etiam semipublico peracta, valida et licita est, revocato quolibet contrario privilegio; neque Antistita id prohibere potest aut de ea re inquirere, ne indirecte quidem; et religiosae nihil Antistitae referre tenentur». Condicio illa a Codice requisita, ut confessio nempe instituatur «ad (religiosae) conscientiae tranquillitatem» ad solam liceitatem confessionis spectat. Quod idem valet pro confessione religiosi, de qua in casu praecedenti.-Ita Blat, p. 503, 499; Verm. *Summa novi juris*, n. 189, qui ait: «His verbis quae *liceitatem* confessionis tantum respiciunt, etsi ratio solius majoris commodi excludi videtur, anxietas tamen conscientiae non exigitur». Sic etiam August. v. IV. p. 269, sq., ubi data opera hanc sententiam propugnat; necnon Fanfani. n. 102, qui ita argumentatur:»... large autem loquendo, quaelibet confessio valide et licite peracta est natura sua ordinata ad conscientiae poenitentis tranquillitatem».

Insuper advertere juvabit hunc cononem extensionem esse juris veteris, in quo religiosae *extra domum* versantes ubicumque valide absolvi poterant. Hinc, quia nulla hodie distinctio fit inter confessiones domi vel extra domum, aliqui putant religiosam, etiam intra domum *ubique* confessionem instituere *valide* posse apud sacerdotem pro mulieribus approbatum. (1) Cui interpretationi robur accedit ex responso *particulari* S. C. de Rel. ad Episcopum Licniensem (8 Jul 1916). Cfr. Verm. l. c., qui hanc opina-

---

1) Ita censet inter alios Mrrtin Leitner in suo op. *Handbuch des Kath. Kirchenrechts*. p 336.

tionem solide probabilem habet. Nunc autem ex novissima declaratione *Commissionis Pontif. ad can. Cod. interpretandos* res definita videtur. Haec est enim responsio quae inserta invenitur in A. A. S. mense Dec. 1920 p. 575 ad dub. III: «Canon 522 ita est intelligendus, ut confessiones, quas ad suae conscientiae tranquillitatem religiosae peragunt apud confessarium ab Ordinario loci pro mulieribus approbatum, licitae et validae sint, dummodo fiant in ecclesia vel oratorio etiam semipublico, aut in loco ad audiendas confessiones mulierum *legitime* destinato». Jamvero iste locus pro mulierum confessionibus legitime destinatus esse potest ex aliqua justa causa extra ecclesiam vel oratorium publicum aut semipublicum, dummodo patens sit et conspicuus (c. 909 par. 1); quinimo confessiones mulierum ex causa infirmitatis aliave verae necessitatis et adhibitis cautelis, quas Ordinarius loci opportunas judicaverit, etiam extra sedem confessionalem audiri licet (c. 910 par. 1): ergo sequitur confessiones religiosarum in praedictis adjunctis ac servatis conditionibus et cautelis in iis canonibus praescriptis. non tantum validas sed etiam licitas dici debere; si vero illae circumstantiae conditionesve desint, adhuc validas esse probabiliter judicat P. Goyeneche, Comm. pro Rel., jan. 1921, II, 3. Cfr. etiam Maroto, id., feb., pag. 36-38. Condiciones vero, quas cl. Fanfani, n. 110, tanquam absolute necessarias requirit, nempe: ut confessio fiat« ad modum saecularium mulierum,... et tempore quo ipsae saeculares mulieres possent, si velint, ad talem confessionem accedere», nullatenus ex verbis can. 522 erui posseut. nec admittendae videntur, siquidem absque sufficienti ratione usum restringunt hujusmodi privilegii religiosis feminis concessi, quod amplam exigit interpretationem.

*c)* Denique pro religiosis mulieribus aegrotantibus conditus est can. 523: «Religiosae omnes cum graviter aegrotant, licet mortis periculum absit, quemlibet sacerdotem ad mulierum confessiones excipiendas approbatum, etsi non destinatum religiosis, arcessere possunt eique, perdurante gravi infirmitate, quoties voluerint, confiteri, nec Antistita potest eas sive directe sive indirecte (idest, impedimenta usui hujus concessionis ponendo) prohibere». Ex quibus verbis illa tantum notabimus, quae etiam occurrunt in praecedenti canone superius enodato, scilicet: «.......sacerdotem ad mulierum confessiones excipiendas approbatum». Ista equidem approbatio ad audiendas mulierum confessiones quandoque terminis expresis, non semel vero aequipollentibus verbis conceditur, quorum exemplum habes in sequenti formula saepenumero usitata: «ad audiendas *fidelium* confessiones», quae certo sufficit ad feminarum confessiones excipiendas. Cfr. August. v. III. p. 163.

IV. ULTIMA SACRAMENTA.—1. *In ordinibus clericalibus* jus et officium Superioribus (localibus praesertim, quos hic canon directe respicit) est per se vel per alium aegrotis professis, novitiis, aliisve in religiosa domo diu noctuque degentibus (modo superius declarato) causa famulatus aut educationis aut hospitii aut infirmae valetudinis, Eucharisticum Viaticum et extremam unctionem ministrandi. Can. 514 par. I. Praeterita legislatione haec facultas exerceri poterat quoad religiosos, novitios et domesticos seu «*qui vere de familia regularium*» dicebantur, non vero quoad ceteros in domo religiosa degentes. (1)

2. *In monialium domo* idem jus et officium habet ordinarius confessarius vel qui ejus vices gerit (c. 514 par. 2), ex. gr. confessarius extraordinarius vel cappellanus, absente confessario; vel sacerdos a confessario delegatus vel alius quicumque sacerdos, si ipse solus instante necessitate in promptu inveniatur. Cfr. Fanfani, n. 94. Ultima sacramenta ministrare potest ac debet monialibus «professis, novitiis aliisve in religiosa domo diu noctuque degentibus (sensu jam antea exposito) causa famulatus aut educationis aut hospitii aut infirmae valetudinis».

3. *In alia religione laicali*, quamvis sit *ordo exemp-*

(1) Cfr. Trid. sess. 25 c. 11 de Reg.; S. C. C. *in Vratils*. 25 Jan. 1738 id. *in Mediol*. Jun. 1587 ap. Mocch. v. I n. 1048 sq.

*tus*, hoc jus et officium, secundum par. 3. c. 514 praescriptum, spectat ad parochum loci vel ad cappellanum quem Ordinarius parocho suffecerit ad normam c. 464 par. 2, «determinando scilicet quod domus religiosa tanquam exempta a jurisdictione parochi in cujus territorio sita est, habeatur: hoc enim in casu, cappellanus independenter a parocho ultima sacramenta religiosis laicis licite ministrare valet». Sic Fanfani, n. 126. Attamen improbabile non videturcappellanum domus Ordinis laicalis independenterabhac loci Ordinarii concessione hujusmodi facultate pollere. Nam imprimis exemptio a potestate episcopali qua gaudent Ordines religiosi, laicalibus non exclusis (c. 615), secumfert, ut in exordio hujus dissertationis notatum fuit et ceteroquin patet, exemptionem a jurisdictione parochorum. Insuper Codex in prael. canone 464 par. 2, loquitur de religiosis familiis et piis domibus quae in paroeciae territorio sint *et a jure non exemtae*, inter quas comprehendi non possunt domus regulares Ordinum laicalium, utpote quae ab ipso jure eximuntur. Liquet enim Ordinarium loci illas tantum domos a parochi cura subducere posse, quae exemptionis privilegio non gaudent. Accedit quod praediti Órdines laicales (et hoc applicari etiam debet *Ordinibus laicalibus mulierum*, quippe quia jus hodiernum in praesenti casu non distinguit inter ordines laicales virorum et mulierum, cfr. Fanfani, n. 122) facultate pollent per Superiores suos designandi proprios cappellanos, relicto Ordinario loci jure illos a concionibus probandi (c. 1337, 1338), necnon negligentiam Superioris, si qua adsit, supplendi (c. 529.). Ergo non videtur quare praefatis cappellanis deneganda sit illa facultas ministrandi ultima sacramenta.

V. Jura circa funera. 1. Jus funerandi cadavera professorum novitiorumque necnon eorum, qui actu regularibus serviunt et intra demus septa stabiliter commorantur pertinet ad Superiorem regularem, salvo casu quo *novitii* aliam ecclesiam ad suum funus elegerint; sed etiam tunc jus levandi cadaver illudque deducendi ad ecclesiam funerantem semper spectat ad praefatum Superiorem. Familiares vero seu qui actu regularibus serviunt quoad hoc aequiparantur novitiis; attamen, si extra religiosam domum decesserint, funerandi sunt uti ceteri fideles, ad normam can. 1216–1218 (c. 1221 par. 3).

Item funerari debent juxta generalia cononum praescripta seu jure saecularium ii, qui in regulari domo vel collegio degebant ratione hospitii, educutionis vel infirmitatis, vel defuncti sunt in hospitali, secluso tamen jure particulari aut privilegio. Qui vero in Seminario etiam a Regularibus administrato vita decedunt funerandi sunt a Rectore Seminarii, juxta normam c. 1368 (c. 1222).

2. Haec omnia valent etiam *pro monialibus exemptis* novitiis non exclusis, salvo quod munus Superioris regularis exercetur in casu a cappellano (c. 1230 par. 5). Idem juris erat in veteri disciplina, cfr. (Cappello de Visit. II. p. 227). Dubitari tamen potest utrum monialium *domesticae* intra claustra stabiliter commorantes funerari *debeant* (salvo casu quo aliam ecclesiam ad suum funus elegerint) in ipsa ecclesia monasterii, nam in can. 1225 videtur illis tantum concedi, uti ceteris in religiosa domo non praecario commorantibus ratione hospitii, educationis aut infirmitatis, jus *eligendi* pro suo funere talem ecclesiam. Attamen, licet de iis Codex expresse non loquatur, recolendum est, ut notat Fanfani, n. 98, principium generale juxta quod ea «quae de religiosis statuuntur, etsi masculino vocabulo expressa, valent etiam pari jure de mulieribus, nisi ex contextu sermonis vel ex rei natura aliud constet» (c. 490). Praeterito jure istae famulae funerandae ac sepeliendae erant in monasteriis, dummodo intra eorumdem septa commorarentur: secus, hoc jus pertinebat ad parochum, intra cujus paroeciae fines situm erat monasterium, licet in domibus eidem unitis praedictae famulae degerent. (1) Jus vero funeris quoad puellas in monasterio degentes educationis causa seu, uti ajunt, quoad *educandas* jam ante Codicis vigorem inerat parocho loci intra cujus fines situm erat monasterium. (2)

(1) S. C. C. *in Monopol.* 27 Sep. 1670 ap. Cappello *De Vis.* II. p. 236.
(2) S. C. Ep. et Reg. *in Febrian.* Dec. 1753, cfr. Cappello l. c. p. 273.

3. *In ordine tandem laicali (virorum)* jus funerandi, seclusis privilegiis de quibus diximus, pertinere videtur ad cappellanum. Porro in praefato canone 1221 par 1 statuitur ut funus religiosi defuncti in religionibus *virorum* peragatur in ecclesia vel oratorio suae domus vel saltem suae religionis; «jus autem levandi cadaver et illud deducendi ad ecclesiam funerantem pertinet semper ad Superiorem religiosum». Sed Superior religionis laicalis hoc jus per se ipse non potest exercere, cum sacerdos ordinarie non sit. Restat enim, ut illud exerceat per alium seu per cappellanum. Ita Frnfani n. 127.

4. Fideles denique, qui ad normam can. 1223, ecclesiam funeris per se vel per alium (c. 1226) in propriis exemptorum ecclesiis (c. 1225) eligere queunt, funerandi sunt a Superiore regulari, postquam parochus sub cruce ecclesiae regularis ad ipsam cadaver deduxerit (c. 1230 par 3).

Circa tumulationem cadaverum regulurium et monialium sermo erit in sequenti capitulo. Nunc tantum addere oportet, jus et officium comitandi per se vel per alium sacerdotem praedicta cadavera ad locum sepulturae, juxta c. 1231 par. 2, apud eos residere, qui illorum funebria persolverint; et tum in prima asportatione ad eccleesiam funeris tum in altera ad locum seputurae libere transire poterunt cum stola quoque et cruce levata per territorium cujuslibet paroeciae vel dioecesis, etiam sine parochi vel Ordinarii licencia (c. 1232 par. 1).

VI. Circa adspirantium admissionem. 1. Quoad admissionem adspirantium in Ordinem regularem non subsunt exempti religiosi Episcoporum potestati: isti autem nempe: Ordinarius originis necnon Ordinarius commorationis ultra annum post expletum decimum quartum aetatis (antea post decimum quintum) praedictorum adspirantium, tenentur testimoniales litteras Superioribus petentibus gratuito ac intra trimestre ab eorum requisitione concedere (c. 544 par. 2-4).

2. *Pro mulieribus adspirantibus* hae litterae testi-

moniales non requiruntur, nisi in casu quo agatur de admittendis illis, quae in collegio vel alius religionis postulatu aut novitiatu fuerunt; tunc enim requirendae sunt litterae testimoniales, «datae pro diversis casibus a rectore.. collegii, audito Ordinario loci, aut a majore religionis Superiore» (c. 544 par. 3). Semper tamen praemittendae sunt accuratae investigationes circa indolem et mores earum, quae in religionem cooptari desiderant (c. 544 par. 7).

3. Si vero agatur de *transitu* regularis professi, *sive viri sive mulieris* ad aliam religionem ex apostolico indulto, «*satis est* testimonium Superioris majoris prioris religienis» (id. par. 5) Quod quidem minime obstat quominus «Superiores quibus jus est adspirantes in religionem cooptandi alia quoque exigere (queant testimonia), quae ipsis ad hunc finem necessaria aut opportuna videantur» (id. par. 6). Et notetur quod tunc in anteriori disciplina tunc in hodierna transitus a religione in religionem eodem modo cum transitu e monasterio sui juris ad aliud licet ejusdem Congregationis moderatur. Cfr. c. 632; P. Goyeneche, *Comm. pro Rel.* n. Dec. 1920, p. 362.

4. Jus praeteritum parum a nostro differebat quoad necessitatem hujusmodi testimonialium in ordinibus virorum regularium, ut apparet ex collatione c. 544 cum Decreto *Romani Pontifices* diei 25 Jan. 1848 a Pio IX edito (ap. *Monum. J. R.* p. 70 sq.), accedentibus declarationibus 1 Maii 1851, 5 Nov. 1852, 29 Maii 1857 ap. Bizz. p. 839, 849, 850. Idem dicendum quoad exemptionem monialium a praefatis litteris, cfr. declar. S. C. super Stat. Reg. 25 Febr. 1853 ap. Verm. tom. II, p. 111.

5. *Pro clericis admittendis*, praeter testimonium ordinationis, sufficiunt litterae testimoniales Ordinariorum in quorum dioecesibus post ordinationem ultra annum moraliter continuum sint commorati, salvo praescripto par. 3 can. 544, quae statuit ut, «si agatur de admittendis illis qui in Seminario, collegio vel alius religionis postulatu aut novitiatu fuerunt, requirantur praeterea litterae testimoniales, datae pro diversis casibus a Rectore Seminarii vel

collegii, audito Ordinario loci, aut a majore religionis Superiore» (par. 4 ej. can.) Praeterea licitum non est admittere in religionem clericum in sacris constitutum inconsulto aut *juste contradicente* suo Ordinario (c. 542 n. 2), ex eo nempe quod ejus discessus in grave animarum detrimentum cedat, quod aliter vitari minime possit. Postremum hoc juris placitum magna ex parte novum est. Praeterito enim jure probabilius ne petenda quidem erat venia Episcopi a clericis religionem ingredi cupientibus, Episcopus vero veniam denegare non potuit. Cfr. Verm. I, n. 135; Bied.-Füh. p. 119. Si tamen clericus erat beneficiatus vel adeo parochus, monere debebat Episcopum, ut provideret beneficio; concedit insuper Ben. XIV litt. *Ex quo dilectus*, 14 Jan. 1747, ut ab Episcopo revocari posset clericus beneficiatus qui ipso invito discesserit, dummodo ex illius discessu grave Ecclesiae detrimentum obveniret.

De examine puellarum ante habitus susceptionem et professionem sermo erit in sequenti articulo.

VII. De bonis novitiorum. 1, Quoad renuntiationem bonorum temporalium, quae juxta Trident. sess. 25 c. 16 et Decr. S. C. sup. St. Reg., 1 Aug. 1862 ap. Bizz. p. 865, et tandem per can. 581 par. 1 novi juris fieri debet a professis votorum simplicium intra sexaginta dies (jure praeterito intra duos menses) ante professionem sollemnem, jam amplius non requiritur, ut accedat licentia Episcopi vel Vicarii Generalis, siquidem ad finem canonis nunc citati omittitur clausula Tridentini, unde hoc Codicis praescriptum deribatur: «... cum licentia Episcopi sive ejus Vicarii». Cfr. Blat, *De Pers.* p. 566.

2. Nec subjiciuntur regulares loci Ordinario in exsequenda restitutione bonorum suorum novitiis abeuntibus seu discessuris ab ordine religioso. Ex jure Tridentino, l. c. facultas concessa fuit Episcopis compellendi etiam censuris, si opus fuerit, regulares hanc exsequi restitutionem renuentes. Hodie vero, ut apparet ex c. 570 par. II, Episcopis nulla remanet potestas in regulares quoad hanc materiam.

3. Idem obtinet quod spectat *ad cessionem a novitiis peragendam administrationis suorum bonorum, necnon quoad dispositionem eorumdem usus et ususfrustus* (c. 569 par. 1, cui congruit Dcr. *Perpensis* S. C. Ep. et Reg. 3 Maii 1902, A. S. S. v. 35 p. 31 sq.); et hoc quamvis hujusmodi cessio vel dispositio locum habeat post emissam simplicem seu temporariam professionem, ad normam par. 2 ejusdem can. 569. Haec etiam valent *pro monialibus*, prouti jam ante promulgationem Codicis statuerat S. C. Ep. de Reg. in praelaudato decreto. *Mutare* vero praedictam cessionem vel dispositionem de qua in par. 2 can. 569, non autem illas ante professionem peractas vi par. 1 ejusdem canonis, (1) professus potest non quidem proprio arbitrio, nisi constitutionesid sinant, sed de Supremi Moderatoris licentia, aut, *si de monialibus agatur* (in quibuscumque locis), de licentia loci Ordinarii et Superioris regularis cui monialium monasterium sit subjectum, dummodo mutatio, saltem de notabili bonorum parte, non fiat in favorem religionis: per discessum autem a religione ejusmodi cessio ac dispositio habere vim desinit (c. 580 par. 3). Ultima condicio hujus canonis, quod scilicet mutatio in favorem religionis non fiat, deest pro cessione dispositioneve ante vel post professionem facta ad normam can. 569 par. 1-2.

VIII. Decreta episcopalia. 1. *Regulares non obstringuntur decretis Cociliorum Provincialium vel Synodi dioecesanae vel ideo locorum Ordinariorum*, nisi in iis quae respiciunt curam animarum aut Sacramentorum administrationem respectu fidelium, et hoc quidem in casibus tantum a jure expressis. Unde sequitur haud amplius decretum vigere Trid., c. 11. sess. 25 De Reg., submittens omnes regulares «immediate in iis, quae ad dictam curam et sa-

---

(1) Censet P. Larraona (*Comm. pro. Rel.* Dec. 1920 p. 372) ut hanc etiam cessionem vel dispositionem a novitio factam ante professionem ipse mutare potest non secus ac illam post professionem peractam ad normam par. 2 hujus canonis. Nec obstat, inquit, provocatio quae in can. 580 par. 3 fit ad can. 569 par. 2, utpote quae, «errorem typographicum continet, scilicet loco par. 2, legi debet par. 1 »

cramentorum administrationem pertinent, jurisdictioni, visitationi et correctioni Episcopi». Nam in Codice exprimuntur particulares casus, in quibus regulares obtemperare debent Synodalibus vel episcopalibus decretis et constitutionibus quoad administrationem sacramentorum atque animarum curam; per ejusmodi igitur expressas exceptiones confirmatur illorum exemptio quoad praefatas constittutiones seu decreta in reliquis casibus nominatim non exceptis. Cfr. can. 615. Ex quo illud consequitur, nihil scilicet in Synodo vel Concilio constituendum quod regularium exemptionibus adversetur. Cfr. Bened. XIV *De Syn.* lib. IX c. 15 et Ferraris, v. *Regulares*, art. II. n. 109.

2. Quod vero attinet ad *appellationem ab interpretatione*, quam Episcopi ediderint *synodalium decretorum*, audire juvat S. Pontificem Leonem XIII in sua laud. Const. *Romanos Pontifices*: «Fas est nimirum, inquit, Regularibus appellare in devolutivo tantum, quoad interpretationem decretorum, quae de jure communi sive ordinario sive delegato Regulares etiam afficiunt; quo vero ad interpretationem aliorum decretorum, etiam in suspensivo... Ad haec vero decreta quod attinet, ea certe lata contra Regulares vim rationemque legis amittunt: quare constat illos sic exemptionem a jurisdictione episcopali possidere uti ante possederint: donec Portificis maximi auctoritate judicetur, jure ne ansecus cum ipsis actum sit...»

3. Quoad *obligationem servandi dies festos* ab Episcopo vel Synodo imperatos haec dicenda occurrunt. Jure praeterito vi decreti Trid. (c. 12 sess. 25 de Reg.) servandi erant, etiam a Regularibus exemptis, dies festi ab Episcopo loci praecepti. Hodie vero, juxta can. 1244 par. 2 novi Codicis, locorum Ordinarii per modum tantum actus dies festos aut jejunii suis dioecesibus seu locis indicere possunt. Quaeritur nunc afficiatne haec indictio regulares necne? Probabilius mihi apparet illos non comprehendi nisi uliquando «per accidens», ratione ex. gr. vitandi scandalum quod forte accipient fideles vel etiam, difformitatis fugiendae a ceteris dioecesis membris. Vid. Bened. XIV

op. c. lib. 13 c. 4, V. Nulla enim efficax ratio adduci potest, qua obligentur huic episcopali injunctioni; cum autem in praefato canone mentio expressa de regularibus non fiat ideo praevaleat necesse est eorum generalis exemptio. Quod enim praeterito jure servare tenerentur dies festos ab Episcopo praescriptos, sicuti et interdictum ab eodem Episcopo promulgatum (quod ultimum nunc etiam tenet, prout inferius videbitur), id provenit, ut recte notavit praelaudatus Pontifex Ben. XIV l. c., VI, ex peculiari sanctione Tridentini, quod in hisce duobus casibus Regulares supposuit jurisdictioni Episcopi, a qua ceteroquin in omnibus aliis, non nominatim exceptis, sunt prorsus exempti. Nec tandem obligantur regulares ad festa servanda, quae populus vi voti tenetur. Cfr. respon. S. C. R. 23 Jun. 1703, *Decr. Auth.* n. 2112 et can. 1310 par. 1.

4. Quod vero attinet ad *librorum prohibitionem* haec tenenda videntur:-I-Regulares non adstringuntur librorum prohibitionibus indictis sive a Conciliis particularibus vel Synodis sive a locorum Ordinariis, quippe quorum jurisdictioni haud subjiciuntur nec proinde ipsis subditi ullo modo vocantur. Constat ex can. 1395 par. 1.

II. Generales Ordinum religiosorum necnon Abbates monasteriorum «sui juris», cum suo Capitulo vel Consilio, possunt libros ex justa causa suis subditis prohibere: idemque, si periculum sit in mora, possunt alii Superiores majores cum proprio Consilio, ea tamen lege ut rem quantocius deferant ad supremum Moderatorem (par. 3 ejusdem can).

III. Superiores majores ordinum clericalium non ligantur ecclesiastica librorum prohibitione, dummodo necessarias adhibeant cautelas (c. 1401); itemque licentiam, ad libros quod attinet ipso jure vel decreto Sedis Apostolicae prohibitos, concedere suis subditis valent, sed pro singulis tantum libris atque in casibus dumtaxat urgentibus (c. 1402 par. 1.)

Praeterita legislatione non ita certe constabat de regularium exemptione a praefata episcopali prohibitione librorum, duaeque oppositae dabantur sententiae, quarum prima affirmabat illos hujusmodi episcoporum prohibitionibus teneri hac potissimum ratione, «quia Episcopi procedunt tanquam delegati Sedis Apostolicae, et jurisdictio delegata, secundum formulam Conc. Tridentini concessa, non est restringenda ad potestatem *cumulativam* in proprios *subditos*, sed sese extendit etiam in *exemptos*.» (1) Ob contrariam rationem plerique negantem sententiam tenebant, inter quos Verm. v. I n. 371 et apud ipsum Van Coillie, necnon Genicot, *Theol. Mor*. t. I. p. 415, Piat, *N. R. Th.*, p. 571-582, &. Quae sententia hodie confirmatur ex terminis citati can. 1395 par. 1, quibus facultas *ordinaria* libros prohibendi tribuitur Conciliis particularibus locorumque Ordinariis, pro suis tantum subditis. Neque dici valet, dum Pennachi (ap. Verm. l. c. n. 379 not. 2) regulares ejusmodi subjacere prohibitioni eo quod ad fidem hoc se refert et exempti in causis fidei Ordinarii loci subsunt potestati. Cui argumento respondet cl. Verm. negando regulares astringi omnibus Episcopi praeceptis quae aliquo modo ad fidei causam referri possint. Causae enim ad fidem pertinentes, quae sub ditione veniunt Episcoporum expresse in jure determinantur; inter illas vero haud computantur istae de librorum inhibitionibus. Cfr. quae superius de causis ad S. Officium spectantibus dicta fuerunt. Ergo praevalere debet principium generale exemptionis, donec exceptio in casu efficaciter probetur.

5. Quod vero attinet ad *editionem librorum et imaginum* de quibus in can. 1385 par. 1, regulares, ad normam par. 2 ejusdem canonis, obtinere debent licentiam Ordinarii loci ubi ipsi commorantur vel in quo libri vel imagines publici juris fiunt, vel in quo imprimuntur, ita tamen, ut si quis ex iis Ordinariis licentiam denegaverit, eam ab alio Ordinario petere auctor nequeat, nisi eundem certiorem fecerit de denegata ab alio licentia. Requiritur

---

(1) Ita Pennachi. Palmieri Wernz, ap. Ferreres. *Theol. Mor.* tom. I n. 642 Q. 5.

insuper ut accedat licentia proprii Superioris Majoris (par. 3 ej. can.) Utraque concessio *in principio* vel *fine libri*, folii vel imaginis imprimenda, expresso *nomine* concedentis itemque *loco* et *tempore* concessionis (c. 1394 par. 1.) Si vero licentia deneganda videatur, roganti auctori, nisi gravis causa aliud exigat, rationes indicari debent (Ibid., par. 2.) Hoc locum praecipue habet, quando liber est capax correctionis vel expurgationis (S. C. Ind., 3 sep. 1898.) Quod si Superior regularis imprimendi licentiam denegaverit, non licet religioso manuscriptum alicui typographo tradere, qui illud publicet cum *imprimatur* Ordinarii loci, suppresso auctoris nomine (S. C. de Rel 15 Jun. 1911, A. A. S. t. III p. 270.)

6. Vetantur insuper regulares sine licentia sui Superioris majoris et Ordinarii loci, libros quoque, qui de rebus profanis tractent, edere, et in diariis, foliis vel libellis periodicis scribere vel eadem moderari (c. 1386 par. 1), ut vero quidpiam scribere valeant in publicationibus periodicis, quae religionem catholicam aut bonos mores impetere solent, accedat necesse est justa ac rationabilis causa, ab Ordinario loci probata (ibid., par. 2.) In edendis etiam libris liturgicis eorumque partibus, itemque litaniis a S. Sede approbatis, debet de concordantia cum editionibus approbatis constare ex attestatione Ordinarii loci in quo imprimuntur aut publici juris fiunt (c, 1390). Circa vero *indulgentiarum evulgatione* haec denique sunt notanda: *a* ) Indulgentiarum libri omnes, summaria, libelli, folia, etc., in quibus earum concessiones continentur, ne edantur sine licentia Ordinarii loci (c. 1388 par. 1); *b*.) Regulares nequeunt *pervulgare indulgentias, suis etiam ecclesiis concessas*, quae Romae promulgatae non sint (sive per Bullas Pontificias, sive per Decreta SS. CC. vel Tribunalis S. Poenitentiariae), inconsulto Ordinorio loci (c. 919 par. 1.)

7. Recte igitur observat cl. Verm. Summa, n. 549, quod nostro hodierno jure «religiosi *omnes* clericis saecu-

laribus in hac materia assimulantur, quae veteris legis extensio est cum quod ad res tum quod ab personas (Const. *Officiorum ac Munerum*, 42)». Etenim praeterita legislatione regulares aequiparabantur in hac materia ceteris fidelibus, ita ut in libris de rebus mere profanis tractantibus satis esset pro illis sui Ordinis statuta servare, quin ceterum licentia indigerent, prout nunc accidit, Ordinarii loci. Cfr. Genicot, *Theol. Mor.*, I. n. 460; Verm. l. c. Nihilominus, ut notat Ferreres, *Theol. M.* t. I n. 628, *diaria* non sunt praeviae censurae subjicienda, nisi forte agatur de aliquo articulo in quo religionis et morum honestatis *specialiter* intersit, idest, si ea argumenta versent quae propter rerum adjuncta vel aliter, sint tanti momenti pro religione vel morum honestate, ut merito praesumi possit praeviae censurae ex voluntate Ecclesiae esse subjicienda. Cfr. can. 1385 par. I, 2. Ceteroqui ephemerides et commentaria, quae a catholicis scribuntur, quoad fieri possit censorem designatum habere debent, prouti constitutum fuit a Pio X (encyc. *Pascendi*, art. IV), ubi ait: «Hujus (censoris) officium erit folia singula vel libellos, *postquam sint edita*, opportune perlegere: si quid dictum periculose fuerit, id quamprimum corrigendum injungat. Eadem porro Episcopis facultas esto, etsi censor forte faverit.»

8. Regulares parere quoque debent decretis synodalibus vel episcopalibus quod attinet *ad stipem a sacerdotibus* extraneis *exigendam*, qui in proprium commodum Sacrum litant in ecclesiis regularium vel quae ab ipsis administrantur, quaeque paupertate laborant (c. 1303 par. 2-4). Item stare debent decreto Ordinarii loci aut dioecesis consuetudini quoad *stipem manualem Missarum* (c. 831 par. 3). Idem juris erat praeterita legislatione. Cfr. Bened. XIV, *De syn.* lib. V c. 9 n. 2. Quod si loci Ordinarius prohibuerit oblatam ultro *minorem* stipem pro Missae applicatione accipere, etiam regulares obedire debent (c. 882).

Ad taxam vero seu eleemosynas, *sepulturae* vel *exequiarum* seu *anniversarii* mortuorum causa, quod spectat, itemque quoad *portionem paroecialem* sive, ut ajunt, «quartam funerariam» parocho tradendam ad normam can. 1236 par. 1-2, regulares tenentur ad observantiam indicis dioecesani, secundum praescriptum can. 1234, 1235, 1237 par. 3. De hac portione paroeciali iterum loquemur in numero *de sepulturis*.

9. Quoad *admissionem* sacerdotis extranei ad *Missae celebrationem* in suis ecclesiis vel oratoriis publicis regulares astringuntur peculiaribus normis ab Ordinario loci praescriptis, nisi agatur de admittendis religiosis *ejusdem Ordinis*, et salvis praescriptionibus par. I et 2 can. 804 (id. par. 3); ex quibus infertur locorum Ordinarios vel etiam Parochos interdicere non posse Missarum celebrationem, ne in ecclesiis quidem saecularibus seu religioni extraneis, iis religiosis sacerdotibus qui authenticas et adhuc validas commendatitias litteras suorum Superiorum exhibeant, nisi interim aliquid eos commississe constet, cur a Missae celebratione repelli debeant; neque iisdem Ordinariis facultas esse prohibendi regulares, quominus extraneos sacerdotes in suis ecclesiis ad litandum admittant, dummodo legitimas litteras exhibeant, vel rectori ecclesiae de eorum probitate apprime constet, immo, «si (sacerdos extraneus, rectori sit ignotus, admitti adhuc potest *semel* vel *bis* (quin loci Ordinarius contradicere valeat), dummodo, ecclesiastica veste indutus, nihil ex celebratione ab ecclesia in qua litat, quovis titulo, percipiat, et nomen, officium suamque dioecesim in peculiari libro signet (c. 804 par. 2).

Placita juris in anteriori disciplina haec erant: Concilium Trident. in decreto *De observandis et vitandis in celebratione Missae* (sess. 22) injunxit Episcopis, ut in suis dioecesibus interdicerent «ne cui vago et ignoto sacerdoti missas celebrare liceret.» Postmodum S. C. C. 7 nov. 1594 (ap. Ben. XIV, *Instit.* 34 n. 4) declaravit Episcopos in ecclessiis etiam regularibus exigere posse, ut sacerdotes exteri ad celebrandum Sacrum non admitterentur, nisi prius ab ipso Episcopo inspectae ac examinatae fuerint litterae proprii Ordinarii, quae vulgo audiunt «discessuales», eo quod traduntur occasione legitimi discessus a dioecesi. Cfr. A. S. S. II p. 155 sq. Hodie vero ex praescripto can. laudati hoc jus Episcopi jam evanuit. Demum quod attinet ad admissionem sacerdotis regularis *alterius Ordinis* antiquo jure nihil expressum invenitur. Auctores tamen, mentem SS. CC. interpretantes, illum obnoxium faciebant condicionibus quas Episcopus hac in re definierit. (1)

Ceteri autem casus in quibus regulares parere debent *decretis episcopalibus* v. gr., circa cultum divinum, divini verbi praedicationem, etc., in subsequentibus articulis perpendentur.

IX Quoad casuum collationes.—Regulares generaliter non obligantur collationibus casuum conscientiae, quae a clero saeculari fiunt, interesse. Attamen haec exemptio in pluribus casibus coarctatur, videlicet: I). Quoad regulares parochos et ceteros regulares curam animarum exercentes, qui vi par. 3 can. 131 et par. I c. 631, tenentur, sicut alii saeculares parochi seu vicarii paroeciales ad praedictis conferentiis interessendum. Quae praescripta fere consonant anteriori disciplinae. (2)

II). Item his collationibus assistere debent Regulares, qui facultatem audiendi confessiones ab Ordinario loci obtinuerint, sed hoc conditionaliter, si nempe ejusmodi collationes in eorum domibus non habeantur (c. 131 par. 3). Haec dispositio, quatenus generalem inducit disciplinam, nova est. Etenim in concilio Romano, an. 1725 auctoritate Ben. XIII coacto, constitutum fuit, ut confessarii omnes, etiam ex ordinibus regularibus, intra fines Provinciae Romanae commorantes, accedere deberent ad conferentiam casuum ab Episcopis statutam, dummodo morales in eorum conventibus lectiones non haberentur. Cfr. Mocch., III. n. 788. Quousque autem se extenderit ecclesiastica Provincia Romana, explicat Bened. XIV, *De Syn.*

---

(1) Cfr. Verm. I n. 513; Wernz, III. tit. XX n. 532.

(2) Const. «*Firmandis*» Ben. XIV d. 6 nov. 1744; const. *Romanos Pontifices* Leonis XIII, 8 maii 1881.

lib. II. c. 2. Insuper Leo XIII, const *Romanos Pont.*, declaravit pro Missionariis in Anglia, *omnes Misionum Rectores*, Vicarii quoque, aliique religiosi viri missionariis facultatibus concedi solitis instructi, qui hospitia parvasque Missionum domus incolunt, Cleri collationibus adesse ex officio debere Extra hos vero limites confessarii regulares, officium paroeciale non habentes, huic injunctioni haud astringebantur, nec poterant compelli ab Ordinariis ad accedendum ad praedictas conferentias. Constat ex variis declarationibus ac responsionibus Sacrarum Congregationum. (1)

III). Denique coarctatur haec regularium immunitas quod spectat ad scriptam solutionem et remissionem casuum in defectu clericorum conventuum, secundum normas ab Ordinario propositas, quibus tenentur parochi et confessarii regulares ut supra, si in propriis eorum domibus conferentiae non habeantur (c. 131 par. 2 et 3), quod praescriptum novum omnino est. Vid. Aug. v. II p. 79. Nihilominus, in casu quo collationes seu conventus in regularium domibus supplerentur per scriptam casuum solutionem, Superioribus Majoribus aliisve ab ipsis designatis, transmissam (quod fieri posse, iisdem de causis ac in defectu clericorum collationum, non ambigitur), regulares confessarii eximerentur ab iniunctione can. 131, seu interessendi Cleri conventui sive loci Ordinario scriptam casuum solutionem mittendi: tunc enim adaequata cessaret huius praescripti ratio. Ceteroquin a praefata obligatione Ordinarius loci exemptionem concedere valet, ut ex ipso canone constat.

X. Privilegium quaestuandi. Nunc tandem restat ut exponatur speciale quaestuandi privilegium ordinibus Mendicantibus concessum, ad cuius intelligentiam notetur distinctio a Codice commemorata enter *Mendicantes ex instituto*, qui ante Concilium Tridentinum bona in com-

(1) S. C. sup. st. Reg., 15 jan. 1682: S. C. C.. 12 maii 1585, 12 mart. 1718 ap. Bizz. pag 609. 826-27.

muni, praesertim immobilia, habere prohibebantur, et *vere Mendicantes*, qui nempe etiam post Tridentinum (cfr. sess. 25 de Reg. c. 3) et nunc post Codicis promulgationem (vide can. 582) incapaces sunt possidendi: eiusmodi sunt Cappuccini et Fratres Minores, quibus addantur oportet, licet cum aliqua restrictione, Jesuitae, et Carmelitae Discalceati, qui, quamvis non plene, privilegio possidendi in communi per Concilium Tridentinum concesso renuntiarunt. Cfr. Wernz, tit. 24, n. 597. (1) Isti omnes, etiam qui lato sensu Mendicantes vocantur, usque nunc poterant intra limites dioecesis ubi conventus habebant, eleemosynas per seipsos quaerere, uti constat ex diversis constitutionibus SS. Pontificum necnon ex declarationibus SS. CC., quae videri possunt ap. Ferraris, v. *Eleemosina*, n. 35; Mocch., III, n. 927, etc. Quod ad FF. Minores spectat, ita legitur in eorum Regula, cap. VI: «Fratres nihil sibi approprient.... sed tanquam peregrini et advenae in hoc saeculo.... *vadant pro eleemosyna confidenter*». Et S. Pius V (cit. const. *Etsi*

---

(1) Clarus Fanfani, op. cit., n. 129, circa hoc scribit: «...totaliter excluditur (capacitas possidendi et acquirendi) apud Minores Cappuccinos: coarctatur quoad bona immobilia apud Franciscanos Minoritas». Quod assertum minime probandum ostenditur, quandoquidem abdicatio bonorum etiam mobilium apud Minoritas absoluta atque omnimoda, non secus ac inter Minores Cappuccinos, exsistit. Co stat ex novissimis CC. GG. Ordinis FF. Minorum, quae in numero 285 super illis verbis cap. 6 regulae S. Francisci; «Fratres nihil sibi approprient, nec domum, nec locum, nec aliquam rem», sic loquuntur: «Ordo noster, super altissimam paupertatem fundatus, neque in particulari, neque in communi *ullam* proprietatem habere potest; quapropter *omnes* actus juridici quoad proprietatem et usum rerum temporalium (quarumcumque) nobis sunt prohibiti» Quae verba cl. P. Michael Sleutjes, eximius commentator earundem constitutionum, ita evolvit: «Substantia seu essentia paupertatis seraphicae propria complectitur *expropriationem omnimodam tam in singulari quam etiam in communi*, necnon necessitatem in usu rerum: sic enim habet Nicolaus III in sua *Declaratione*. art. V *de usu paupere:* —in omnibus appareat in eis *quoad dominium omnimoda abdicatio* et in usu necessitas...—» (Comm. in CC. GG. FF. Minorum, I p. 377). Cfr. etiam Wernz, III nn. 597, 650, VII et Appeltern-Piatus O. F. M. Cappuccinorum, *Praelect. Juris Reg*. pag. 163 ubi ait: «Religiosi possut possidere et habere in communi verum dominium rerum *mobilium* et inmobilium, exceptis Fratribus Cappuccinis *et Minoribus de Observantia.*» Tandem legantur const. *Sollicitudo* Innocentii XI, 20 nov. 1679a p Bizz. p. 744 sq. necnon dec. S. C. Ep. et Reg 2 sept. 1870: A. S. S. v. VI p. 113-118.

*Mendicantium*) sic statuit: «Quod vero de usu quaestuum eleemosynarum auferendo loquitur Concilium Trid., sess. 21, cap. 9, id. ad Mendicantium Ordines nullo modo referri posse vel debere, etiam decernimus; quin potius, cum ex eleemosynis hujusmodi vivere cogantur, eis id facere liberun omnino esse declaramus....»

Hodie vero haec facultas, quae verun privilegium Mendicantium dici debet, siquidem vetitum est clericis ac laicis stipem colligere pro ecclesiasticis aut piis institutis (c. 1503), restringitur ad solos Mendicantes qui ex instituto tales vocantur *et simul vero Mendicantes* sunt, quos supra enumeravimus (c. 621 par. 1 et declaratio *Comm. Pontif. ad. can. C. interpretandos*, d. 16 oct. 1919: A. A. S. v. 11 n. 13). Hi enim possunt in tota dioecesi ubi eorum religiosa domus sita est eleemosynas petere de sola Superiorum suorum licentia, qui ab Episcopo prohiberi queant. Ex eo tamen quod in can. 624 injungitur religiosis quaestuantibus obligatio se conformandi quoad disciplinam in mendicatione servandam instructionibus a Sede Apostolica hac de re datis, oportet ut semper secum habeant licentiam Superioris, quam ultro parochis, necnon Ordinariis quoties ab ipsis requiratur, exhibeant. Ita S. C. de Rel. 21 nov. 1908: A. A. S. v. I p. 154. Eleemosynas colligere etiam possunt pro ornatu et aedificatione suarum ecclesiarum, prout constat ex laud. Declaratione *Comm Pontif. ad dubium X.* Utrum liceat Mendicantibus non tantum per se ipsos, verum etiam per alios quaestus facere absque Ordinarii loci licentia, non videtur, quia quamvis regula sit ut *quisque per alios facere possit quod per seipsum potest*, disciplina tamen usque adhuc vigens et cui stare debemus juxta praescriptum laud. can. 624, contraria fuit. Cfr. declarationem citatam S. C. de Rel., n. 5. Quod etiam constat ex natura hujus privilegii, quod inter personalia computatur.

Insuper imponitur obligatio locorum Ordinariis aliarum dioecesium, praecipue finitimarum, non denegandi nec revocandi, nisi gravibus et urgentibus de causis, puta ex adversis propriae dioecesis adjunctis, licentiam stipem quaeritandi intra limites sui territorii, sed hoc sub condicione quod «religiosa domus ex mendicatione in sola dioecesi, in qua est constituta, nullo modo vivere possit» (c. 621 par. 2; cfr. praef. declar.). Si ergo talis necessitas non existat, bene potest ab Ordinario loci quacumque ex causa rationali haec licentia denegari. Cfr. Bondini, p. 71, ubi subdit: «Qua in re praeteritum jus aliquatenus restrictum invenitur. Non enim talis condicio a canonistis requirebatur. Cfr. Piat, tom. II P. 4, c. 3 Q. 52».

Adnotare tandem liceat opinionem a cl. Verm. in suo opere *De Religiosis*, etc., v. I n. 372, propositam, juxta quam quaestuare non dicitur, «qui paucas aliquot domos adit ubi ratio est cur levamen alicujus necessitatis specialiter exspectare possit». Cui asserto repugnare non videtur praescriptum cit. can. 1503. Certum vero est non quaestuare qui missis litteris obtinet subsidia, ut declaravit S. C. Ep. et Reg. 27 mart. 1896, n. 4 ap. ipsum auctorem, l. c.

## ARTICULUS III.

### De limitationibus personalis immunitatis

Exemptio regularium licet ab auctoribus *perfecta* seu totalis vocetur, multis tamen, ut alibi dictum est, exceptionibus coarctatur, quae ejusmodi perfectionem valde *relativam* efficiunt. Cfr. Maroto, *Inst.* II n. 728. Ut discernantur vero praefati casus excepti, in quibus subsunt etiam regulares Ordinariorum locorum jurisdictioni, attendere oportet ad praescriptum can. 615: «Regulares... exempti sunt, *praeterquam in casibus a jure expressis*» seu quando verba legis illos nominatim respiciunt per terminum illum: «regulares» vel «exempti.» (Recolantur ea quae enodavimus circa revocationem regularium immunitatum.) Tunc enim redeunt sub potestate locorum ordinariorum.

1. *Natura potestatis Episcoporum in Regulares.*— Haec autem potestas locorum Ordinariorum in regulares est a) *jurisdictionalis*, quin obstet quod potestas jurisdic-

tionis in solos subditos exerceri queat (c. 201 par. I), nam legislator facere potest ut etiam in alienos quoandoque exerceatur (cfr. Bondini, p. 12); b) est insuper potestas *ordinaria*, cum a jure tribuatur locorum Ordinariis qua tales seu ratione sui officii (cfr. c. 197 par. 1), et etiam quia nullibi inveniuntur in novo Codice antiquae delegationis formulae: «apostolica auctoritate... tanquam delegati Sedis Apostolicae», etc. Cfr. Maroto, II n. 699, 7 cum nota. Proinde huic episcopali jurisdictioni applicandae sunt regulae in jure contentae circa qualitates et effectus potestatis ordinariae. Hinc ab Ordinario loci communicari valet cum delegatis (c. 199 par. 1), late interpretanda est (c. 200 par. 1) ac demum in causis ubi locus appellationi datur, haec fieri debet juxta praescriptum can. 1594 par. 1, 2, 3. (Ibid. par. 4). Cfr. Verm. I n. 368,

Usque adhuc jurisdictio Episcoporun in exemptos multoties ab ipso jure delegata denominabatur. (1) Effectus hujusmodi delegationum a jure in eo stabat, ut apellatio ab Ordinariis locorum non ad Metropolitam, sed immediate apud Sedem Apostalicam fieret, siquidem remedium appellationis a delegato ad delegantem interjiciendum est. Si vero facultas Ordinarii loci inveniebatur expressa his terminis: «*etiam* tamquam delegatus Sedis Apostolicae», tum illius potestas cumulabat utramque jurisdictionem, ordinarian nempe ac delegatam, et liberum ipsi erat unam vel alteram exercere; quod si clare haud innotesceret qua potestate in determinato casu usus fuerat, praesumptio stabat pro exercitio potestatis delegatae, utpote quae dignior atque efficacior putubatur, quam altera. (2) Nunc vero omnes istae delegationes a jure in exemptos mutatae sunt in ordinariam jurisdictionem.

---

(1) Cfr. c. 13 par. I, X. I. 31; Conc. Trid. c. III sess. 6 de Ref. et passim.

(2) Cfr. Reiffenstuel, lib. I. tit. 29. n. 34 sq.: Ojetti, v. *Delegatio;* Wernz. tom. II, nn. 557, 614 sq. et Maroto, *Instituciones*. tom. II. n. 705 B nota I.

## § I. — Exceptiones quoad regulares viros

Jamvero praecipuae limitationes quibus coarctatur exemptio personalis regularium virorum versantur a) circa religiosos extra claustra illegitime degentes (1) et b) illos quibus commissa est animarum cura necnon c) circa ea generatim, quae sacrum ministerium respectu fidelium aliquo modo attingunt.

*a)* Regulares illegitime extra claustra.— Quod ad regulares attinet extra claustra illegitime degentes, statuit can 616 in par. 1: «Regulares», quo nomine veniunt illi omnes, de quibus in can, 615 scilicet: viri et mulieres novitiis non exclusis, (cfr. Blat, *De Pers.* p. 603) «extra domum illegitime degentes», ex. gr.: contra praescriptum can. 606 par. 2, quod contigerit si licentia a Superiore concessa proprio subdito excederet attributiones, quas ipsi tribuunt propriae constitutiones et decreta apostolica; vel contra can. 587 par. 2 praecipientem religiosos extra domum studiorum causa missos non licere residentiam apud domos privatas constituere; vel sine Superiorum licentia prouti sunt apostatae, fugitivi et qui furtive exeunt a monasterio, tametsi animum non habeant se subtrahendi a Superiorum obedientia, neque a communibus observantiis suae religionis, cfr. Bondini, p. 60; non vero possunt dici *illegitime degentes* regulares, qui de licentia suorum Praelatorum commorantur in domo ad erectionem monasterii deputata, quamvis non vivant *conventualiter* nec sub aliquo Superiore. Prosequitur can.: «etiam sub praetextu accedendi ad Superiores», puta, ad quaerelas contra injustitias inferiorum Praelatorum interponendas, sed non in casu quo denegaretur a Superiore locali licentia a subdito

(1) Haec exceptio applicatur etiam monialibus, sed quia locum praesertim, obtinet apud regulares viros, inter istorum tantum limitationes eam recensemus Notetur etiam, exclaustratos, licet *legitime* extra claustra degentes, exemptionis privilegium amittere. C. 639.

rite petita; tunc enim, ex communi interpretatione auctorum, per illa verba Codidis «sub praetextu», quae certe non includunt causam seu motivum rationabile, roborata, posset religiosus recto tramite pergere ad Superiorem immediatum; (cfr. Verm. I n. 342; Aug. III p. 339) in aliis vero casibus enumeratis «exemptionis privilegio non gaudent», ideoque omnimodae jurisdictioni locorum Ordinariorum subsunt quoadusque versantur illegitime extra claustra. In quo igitur disciplina hodierna dissentit ab anteriori. Praeterito namque jure sancitum fuit per Concilium Trident., c. 4 sess. 25 de Reg., ut regulares extra domum seu conventum illegitime commorantes, ab ordinariis locorum punirentur tamquan sui instituti desertores, non tamen totaliter privabantur exemptione, ut nunc accidit.

Liquet praedictos religiosos ilegitime degentes extra claustra nullatenus subtrahi a jurisdictione et correctione suorum Praelatorum regularium, qui possunt illos coercere poenis quoque ac censuris. Cfr. can. 645.

Per «domum regularem», extra quam religiosi illegitime degentes amittunt exemptionem, intelligitur, juxta doctrinam Tridentini, 1. c., monasterium seu conventus, qui censetur habituale domicilium religiosi; hinc nequeunt reputari tanquam «domus religiosae» loca illa privata ubi regulares, a civilibus Guberniis e suis monasteriis expulsi, temporarium domicilium habent, quin convenire possint ad vitam communem inducendam. Ita August. v. III pag. 340 ubi adducit resp. S. C. C. d. 4 sept. 1875. Attamen hoc applicari non debet regularibus in locis Missionum degentibus, qui licet mansionem faciant in privatis domiciliis et non in monasteriis, recensendi non sunt ad instar illorum, qui extra proprium monasterium vitam agunt, ac propterea privatae domus Missionariorum haberi debent tanquam propriae eorum religiosae domus. Hoc jam constituit Bened. XIV, const. «*Apostolicum Ministerium*» 30 maii 1753 quoad Missionarios Regulares in Anglia quod postmodum confirmatum fuit a Leone XIII in cit.

const. «*Romanos Pontifices*», ac denique tanquam jus commune ad omnes, Missiones extensum. Cfr. Mocch. III n. 862.

Demum, tempus illegitimae absentiae, quo transacto, judicari possit ac debeat regularem hoc privilegium exemptionis amisisse, in Codice non determinatur; notat vero laud. Aug., in quadam decretali Martini IV in nota Cardinalis Gasparri ad novum Codicem, edit. an. 1918, assignatum videri terminum quindecim dierum, ut religiosus, exemptus immunitate privaretur (c. 2 *Extrav. Comm.* III. 8).

*b)* De muniis paroecialibus regularibus commissis. Nunc autem agendum est de illis mutuis relationibus a jure definitis locorum Ordinarios inter ac regulares curam animarum habentes, eorumque Superiores. Quod ut recte intelligatur, quaedam sunt notiones praemittendae circa modos diversos, quibus religiosi munia paroecialia obire queunt, prout ex juris canonici praescriptis infertur.

1. Etenim imprimis uniri potest paroecia communitati religiosae unione non exstinctiva sed *accessoria*, quae potius dicenda est *incorporatio;* et hoc triplici modo: jure plenissimo, jure pleno vel jure minus pleno seu semipleno. Ex prima unione exsurgit Praelatura «nullius», de qua non est hic sermo; secunda unio verificatur quando reditus paroeciae monasterio obtingunt, ipsumque monasterium assumit curam animarum, ita ut idem sit parochus *habitualis*, quo in casu paroecia regitur *actualiter* per vicarium, qui omnimode totam curam animarum assumit (c. 471 par. 3). Si denique unio semipleno jure fiat, tunc bona paroeciae monasterio adjudicantur, hoc vero parochum sustentare tenetur, quin se immisceat offiiciis pastoralibus (c. 1425 par. 1). Tandem accidere potest ut viris regularibus paroeciae conferantur, seu ipsi parochi vel vicarii paroeciales nominentur, quin aliqua ex praedictis unionibus intercedat (cfr. can. 454 par. 5; Verm. I n. 499, 3). His

praemissis, quid de singulis jus statuat inspiciamus.

2. Quoad unionem seu incorporationem paroeciae *pleno jure* cum domo regulari, sciendum illam facere loci Ordinarium haud posse, ut constat ex par. 2 can. 1423 necnon ex par, 1 can. 452, juxta quam necessario requiritur indultum apostolicum. Quod non impedit quominus etiam *per consuetudinem* etsi quadragenariam tantum (cfr. c. 27 par. 1), aut per *tabulas fundationis* haec adnexio verificetur; nam, uti observat cl. Capello (*De Visit. SS. Liminum* t. II. p. 110) «omnibus compertissimum est, in limine fundationis juri communi condiciones contrarias poni posse, modo juri divino aut naturali non repugnent, neque disciplinae ecclesiasticae essentialiter adversentur. Hac de causa fundator ecclesiae seu benaficii parochialis exigere valet ut animarum cura adnexa sit alicui ordini religioso». Quod confirmatur a Codice in par. 1 can. 1417.

Unione peracta Superior regularis (Praelatus Major vel etiam infimus, secundum constitutiones) praesentat vicarium (c. 471 par. 2), quem Ordinarius loci in offiicium instituit (c. 1425 par. 2), dummodo illum idoneum invenerit juxta praescripta can. 459. inter quae illud erit notandum quod exprimitur in par. 3 n. 3 circa jus examinandi nominatum a Superiore coram se et examinatoribus synodalibus, a quo examine nequit candidatum dispensare, nisi de consensu eorumdem examinatorum, si agatur de sacerdote doctrinae theologicae laude commendato. Hic advertere juvabit, vicarium curam animarum assumere a momento *suae institutionis*, tametsi dicatur in can. 461: «Curam animarum parochus obtinet a momento *captae possessionis.*» Ratio est quia paroecia religiosis concredita nunquam stricte loquendo vacat, et ideo *possessio* beneficii stricto sensu non datur. Necesse est ergo ut illa suppleatur in casu per *institutionem* legitime factam. Cfr. Fanfani, n. 345.

Vicarius autem, qui ad normam ejusdem par. 2 can. 1425. sacerdos ipsius religionis esse potest. et communiter ita est jus habet ad congruam fructuum portionem, arbitrio Episcopi, non vero Superioris regularis, assignatam (c. 471 par. 1), de qua tamen vicarius regularis nequit libere disponere; etenim illam suam facere debet ad instar aliorum regularium, ac proinde de illa «disponit Superior vel Oeconomus juxta proprias constitutiones et placita juris canonici». Ita P. Goyeneche in *Comm. pro Rel.*, jun. 1920, p. 189, contra Bondini, pag. 32.

Idem Vicarius subest jurisdictioni, correctioni ac visitationi loci Ordinarii in iis quae ad curam animarum pertinent (cc. 1425 par 2 et 631), et hoc quamvis ministerium exerceat in domo seu loco ubi majores Superiores regulares ordinariam sedem habent (c. 631 par. 1). Haec ultima praescriptio juri anteriori non concordat, siquidem Tridentinum Concilium (c. 11 sess. 25 de reg.) exemit a jurisdictione locorum Ordinariorum regulares illos, qui in habituali residentia Generalis ordinis curam animarum exercerent; quod privilegium fuit confirmatum, non obstante constitutione *Inscrutabili* Gregorii XV, a S. C. C. (1) et postmodum explanatum a Benedicto XIV in sua const. *Firmandis* 6 nov. 1744, prout videri potest ap. Mocch. v. III n. 241. Igitur quidquid Episcopus a parocho saeculari exquirere et exigere solet ac debet, id omne, *regulari observantia unice excepta*, a vicario regulari exquirere et exigere valet. Unde et mores etiam ipsius investigare potest, quatenus de iis agatur quae extra claustrum prodierint. Cfr. cit. const. Ben. XIV. Quod vero attinet ad visitationem hujus vicarii necnon ecclesiae paroecialis sermo erit quando agatur de visitatione episcopali.

Nihilominus Praelati regulares, praeter jus privativum in iis, quae ad regularem disciplinam praedicti vicarii se referunt (c. 630 par. 2), habent insuper jus cumulativum cum Episcopo in eundem vicarium decreta condendi ac meritas poenas statuendi ubi eum suo muneri paroeciali defecisse compererint, ita tamen ut, si aliter a Superiore, aliter ab Ordinario decerni contingat, decretum Ordinarii

(1) *In Ludens jurisdictionis*, 1 dec. 1691 ap. Ferraris, l. c. n. 59.

praevalere debeat (c. 631 par. 2). Quae verba hujus canonis fere ad litteram desumpta sunt ex prael. const. *Firmandis* Ben. XIV. (1) Unde et duplicem poenam, ait cl. Bondini, p. 35, vicarius regularis luere tenetur, si uterque Praelatus in eum condignis poenis animadverterit. Hoc tamen intelligendum puto de iis tantum poenis quae extra judicium et per modum praecepti infligi possunt (cfr c. 1933 par. 4), non vero quando alter ex duobus Praelatis, forma judiciali servata, contra reum procedat, quo in casu daretur locus praeventioni, ad normam can. 1568.

3. Quae hucusque dicta sunt de vicariis actualibus valent etiam respectu *parochorum* regularium, quando paroecia illis concreditur, quin incorporetur pleno vel minus pleno jure conventui regulari; quod apparet ex iisdem canonibus superius adductis. Cfr. etiam can. 456. Notandum est, in hoc casu paroeciam plane saecularem remanere. Jamvero, cum saecularia beneficia religiosis conferri non liceat (c. 1442), ad hoc ut sacerdos regularis ejusmodi praeficiatur paroeciae, beneplacitum apostolicum primum est obtinendum. Ad rem Leo XIII (cit const. *Romanos Pontifices*): «....sic enim jure, quod modo viget, arcentur Regulares a parochi munere, ut illud suscepturi venia Apostolica indigeant». Excipiuntur canonici regulares Praemonstratenses quibus «conceditur ex integro privilegium assequendi et retinendi quascumque parochiales ecclesias et vicarias, tam saeculares quam regulares, absque dispensatione Apostolica». Ben. XIV, const. *Oneroso* 1 sept. 1750 ap. Bouix tom. II pag. 49. Non ita certe constat de necessitate hujus pontificii indulti, quando paroecia verum non constituit beneficium (cfr. c. 1415 par. 3); tunc enim aequiparanda videretur missioni, cui praefici potest absque tali venia sacerdos regularis: «jus namque, ait cl. Pontifex Leo XIII, const. cit., certe non obest religiosis viris, ne inter eos eligatur ractor». Ratio vero cur regulares nequeant sine Apostolico indulto paroecias obtinere saeculares

(1) Apud Ojetti v. *Parochus* n. 3053 et Mocch. III. n. 240.

desumenda est, juxta cl. Bouix, t. II. p. 46, e recentioribus dumtaxat sedis Apostolicae dispositionibus; nam praedictum axioma juris a Codice receptum, quod nempe «beneficia saecularia nonnisi clericis e clero saeculari conferenda sunt» (c. 1442) ab auctoribus interpretabatur de beneficiis tantum simplicibus, non autem de beneficiis *curatis*. Haec enim habet Engel ap. Bouix, p. 45): «Quod si beneficia habeant solum curam fori interni, uti ecclesiae paroeciales ... communis est doctorum sententia, religiosos de jure generaliter capaces esse beneficiorum saecularium curatorum; et ita.... esse exceptionem ab illa regula, quod saecularia beneficia tantum saecularibus conferenda sunt». Notetur denique, nihil in Codice inveniri de casu illo, quo paroecia saecularis ex diplomate pontificio regulari conferatur in *titulum*, ita ut contra placita juris communis, regularis separetur a monasterio, atque, a Praelati regularis exemptus potestate, in ditionem quoad utrumque forum transeat Episcopi, bonaque acquirat non jam monasterio sed ecclesiae suae (cfr. Verm. I. n. 499, 3); quod rarissime accidit, «nam plerumque titulum non obtinet nisi precarium, ita ut ne in certum quidem tempus securam habeat possessionem. Quo jure utuntur etiam canonici Praemonstratenses» (Verm. l. c.). Hoc in ultimo casu, qui unice in Codice contemplatur, placita juris communis, ut in canonibus superius enodatis aliisque mox explanandis contenta, servari oportet.

4. Cum parochus tum vicarius regularis, licet stabiliter constitui debeat (c. 454 par. 1), *amovibilis* tamen est juxta normam ejusdem can. par. 5, ad nutum tam loci Ordinarii, monito Superiore, quam Superioris, monito Ordinario, aequo jure, non requisito alterius consensu: nec alter alteri causam judicii sui aperire tenetur, multoque minus probare, salvo recursu in devolutivo ad Apostolicam Sedem (c. 621 par. 3). Quae omnia apprime congruunt praescriptis antiqui juris, prouti exponuntur in cit. const. «Firmandis» Ben. XIV et in alia ejusdem Pontificis, cujus

initium est *Ad militantis*, die 30 mart. 1742. (1).

5. Si quando occurrerit vicarium a Superiore nominatum religiosum non esse (quia, ex. gr. monasterium ad ordinem laicalem pertinet ideoque Superior sacerdotem saecularem Ordinario loci praesentare debet), tunc praefatus Vicarius ex parte praesentantis est *perpetuus*, et tantum ab Ordinario loci removeri potest ad instar ceterorum parochorum, monito Superiore qui illum praesentavit (c. 471 par. 3). Patet quod tunc congrua portio fructuum paroeciae vicario assignata pro seipso acquireret, nec subjiceretur ullo modo Superiori regulari, siquidem cc. 630-631 de unis regularibus vicariis loquuntur. Quod vero nominatio ejusdem vicarii saecularis pertineat ad monasterii Superiorem confirmatur ex paritate cum praescripto can. 1425 par. 1 inferius explanando, necnon ex identica disciplina ante Codicem vigente. Cfr. Bouix l. c., p. 30-31. Tota enim disciplina circa praefatum vicarium saecularem invenitur in illo cap. unico Decretalium *de capellis monach.* lib. III tit. 18 in 6, ubi dicitur: «Presbyteri, qui ad curam populi per monachos in eorum ecclesiis, praesentantur Episcopis. et instituuntur ab ipsis: (cum debeant esse perpetui) consuetudine vel statuto quovis contrario non sbstante, ab eisdem nequeunt Ecclesiis (nisi per Episcopos, et ex causa rationabili) amoveri.»

6. Quod vero attinet *ad proventus temporales* parochi seu vicarii *regularis*, praescribit can. 630 par. 3: «Bona quae ipsi obveniunt intuitu paroeciae cui praeficitur ipsi

(1) Juxta doctrinam apud auctores communiter receptam regularis parochus seu vicarius valde improprie ***beneficiatus*** vocari poterat, nec paroecia quae per unionem pleno jure factam cum monasterio regularis evaserat proprio ac stricto sensu ***beneficium*** nuncupari valebat, utpote subjectiva carens perpetuitate (cfr. Capello ***De Vis***. II. p. 160). Aliter nunc est dicendum, nam in Codice beneficia manualia seu amovibilia quae objectiva tantummodo perpetuitate donantur inter vera et proprii nominis beneficia recensentur (c. 1411 n. 4), quibus applicari debent praescripta can. 1414-1488, necnon can. 147-195 (cfr. can. 1413): quinimo quoad beneficia paroecialia expresse dicitur in can. 454 par. 1, nihil impedire quominus eorum proprii rectores, quamvis stabiles esse debeant, ab illis removeri queant ad normam juris. Circa hanc vero remotionem vide can. 2157-2161 par 1, 2147-2153.

paroeciae acquiriti cetera acquirit ad instar aliorum religiosorum». Ad discernendum autem utrum necne ad regulares vel potius ad paroeciam praedicta bona pertineant liceat audire cl. Verm. I n. 533, qui quamvis de Missionibus loquatur, ejus tamen explicationes Paroeciis omnino applicari possunt: «Quaenam alterutrius sint generis, inquit, definit voluntas donatoris, cujus exquirenda sunt documenta.... De pecuniis quae aliunde ad certum mittuntur Missionarium, id nobis videtur dici posse, nisi expressa fuerit alia voluntas, pecunias dono datas quae ex justitia tribuendae sint quasi-paroeciae vel pio loco cujus Ordinarius gerit tutelam putandas esse oblatas *intuitu Missionis*, alias autem ipsius Missionarii usibus esse traditas proindeque ad Institutum religiosum plene pertinere. Patet fructus industriae etiam acquiri religiosis». Et Leo XIII in cit. const *Romanos Pontifices* haec habet: «Namque receptum est hac in re, spectari primum oportere quid largitor voluerit; quod si non appareat, placuit, parecho vel rectori ecclesiae collatam donationem praesumi. At multum ab hac regula recessum est propter consuetudinem...., cujus vi «hodie pene solae oblationes, quae in ecclesiis sub Missis ad altare fiunt, et quae pro administratione sacramentorum, pro benedicendis nuptiis aut mulieribus post partum, pro exequiis et sepulturis, aut aliis similibus functionibus specialiter offeruntur, ad parochum spectant; consuetudine reliquas ferme omnes ecclesiis ipsis aut sacellis aut aliis certis finibus applicante» (Reiffenstuel lib. 3 *Decr.* tit 30 n. 193)».

De administratione vero eleemosynarum quae intuitu paroeciae fiunt statuit ipse c. 630 in par. 4: «Non obstante voto paupertatis, eidem (parocho vel vicario regulari) licet eleemosynas in bonum paroeciarum, vel pro scholis catholicis aut locis piis paroeciae coniunctis, quovis modo oblatas accipere aut colligere, et acceptas sive collectas administrare, itemque, servata offerentium voluntate, pro prudenti suo arbitrio, erogare, salva semper vigilantia sui Superioris (ne transgrediatur limites ejusmodi facultatum a jure concessarum); sed eleemosynas pro ecclesia paroeciali aedificanda, conservanda, instauranda, exornanda accipere, apud se retinere, colligere (idest, movere fideles ad eas praebendas, quod etiam per quaestuationem proprie dictam fieri posse jam antea notavimus, quando agitur de ordinibus vere Mendicantibus) aut administrare pertinet ad Superiores, si ecclesia sit communitatis religiosae; (1) secus ad loci Ordinarium», qui uti etiam potest, ut notat Blat, *de Pers.* p. 617, ministerio parochi vel vicarii regularis, dummodo (ita mihi videtur restringendum) accedat saltem Superioris consensus, ne votum violetur paupertatis.

Quod attinet ad *collocationem* pecuniae ad interesse percipiendum ex ea, servari debet praescriptum can. 533 par. 1 n. 4. juxta quod, praevium consensum Ordinarii loci obtinere tenetur «religiosus quilibet, etsi Ordinis regularis alumnus, si pecunia data sit paroeciae vel missioni, aut religiosis intuitu paroeciae vel missionis». Quod etiam servandum est pro qualibet collocationis mutatione (ibid. par. 2), sive quoad modum v. gr. in diversis debiti publici syngraphis, seu quoad locum vel societatem, ubi ejusmodi factae sunt collocationes. Cf. Blat, 1. c. p. 510. Loci Ordinario jus insuper est cognoscendi de administratione fundorum legatorumque de quibus in praedicto can. 533 par. 1 n. 4, si fundi nempe vel legata data sint religioso cuilibet, etsi Ordinis regularis alumno, intuitu paroeciae vel missionis aut ipsi paroeciae vel missioni. Haec anteriora praescripta locum non habent quando agitur de collocanda pecunia data pro *ecclesia* paroeciali ad regulares pertinente, ad normam laud. can. 630 par. 4, vel quando sermo est de *piis fundationibus* in ecclesiis, etiam paroecialibus, ipsorum regularium (c. 1550), prout in suo loco explanabitur.

7. Quod autem spectat ad praesentationem, subjectionem atque amotionem vicarii *oeconomi* vel *substituti* vel

---

(1) Sive pleno sive minus pleno jure seu ad temporalia tantum si unitat paroecia domui regulari, sive tandem, etsi pleno jure unita, paroecia per vicarium saecularem actualiter administretur.

*adjutoris* seu regentis vel etiam *cooperatoris*, qui apud Hispanos coadjutor appellatur, in dictis paroeciis, eadem ferme praescripta inveniuntur in Codice, ac pro vicariis actualibus et parochis statuuntur. Cfr. cc. 472-477 par. 1. Regimen vero paroeciae vacantis, quando pleno jure monasterio manet unita, assumit domus Superior interim vicarius oeconomus constituitur (c. 472 n. 2). Ipse vero Superior debet loci Ordinarium de paroeciae vacatione statim certiorem facere (ibid. n. 3).

8. Tandem, Superior regularis Ordinario loci praesentare debet sacerdotem e clero saeculari instituendum in paroecia domui regulari unita *quoad temporalia* tantum seu jure minus pleno (c. 1425 par. 1), quo in casu, uti patet paroecia plane saecularis remanet, domusque religiosa particeps fit solummodo fructuum illius, assignata saeculari vicario congrua portione.

9. Quoad *divisionem* seu *dismembrationem* paroeciae regularis, exstat can. 1427, cujus paragraphus prima facultatem concedit Ordinariis locorum dividendi ex justa et canonica causa, invitis quoque earum rectoribus et sine populi consensu, paroecias quaslibet, (ideoque etiam regulares) vicariam perpetuam vel novam paroeciam erigentes, aut earum territorium dismembrandi. Quod si divisa paroecia ad aliquam religionem (quamcumque) jure spectet, vicaria perpetua aut paroecia noviter erecta non est religiosa (Id. par. 5), atque igitur religiosi nullum jus habent in illam. Hoc jam vigebat jure Codicem immediate praecedenti. Cfr. Ojetti, v. *Parochia*. Circa dotationem vero novae paroeciae in veteri disciplina, ut notat Verm. *Summa*, n. 575, sola congrua dos novae ecclesiae facienda praecipiebatur. Hodie vero paroecia regularis quae dividitur tenetur ex propriis reditibus ad ipsam quoquo modo pertinentibus contribuere dotationi paroeciae noviter erectae, sed hoc sub condicionibus quod *a*) aliunde haec dos haberi nequeat, et *b*) dummodo sufficientes reditus eidem matrici ecclesiae remaneant (c. 1427 par. 3). Disponit insuper can. 1500, cujus praescriptum servandum est juxta laud. c. 1427: «....etiam

bona communia quae in commodum totius territorii erant destinata, et aes alienum quod pro toto territorio contractum fuerat, ab auctoritate ecclesiastica, cui divisio competat, cum debita proportione ex bono et aequo dividi habent, salvis piorum fundatorum seu oblatorum voluntatibus, iuribus legitime quaesitis, ac legibus peculiaribus, quibus persona moralis regatur». Liceat circa hujus canonis interpretationem audire cl. Bondini, p. 139: «Bona, inquit, quae ad regularium monasterium pertinent nequeunt subiici diminutioni cuilibet, licet paroecia unita fuerit ipso monasterio pleno jure. Non enim pertinent ulla ratione ad ipsam paroeciam. Fundationes pariter quae ipsam ecclesiam regularium respiciunt ad eandem exclusive pertinent. Debita e contra quae non quidem in favorem monasterii, sed totius paroeciae contracta fuerint, transeunt pro parte ex bono et aequo in novam paroeciam. Sed debita contracta pro instauranda ecclesia parochiali ipsi soli exclusive incumbunt».

*c*). I. DE REGULARIBUS MISSIONARIIS.—Breviter de iis dicemus, siquidem disciplina qua hodie reguntur plerumque eadem est ac illa superius exposita circa parochos regulares. Quoniam autem jure hodierno aequiparantur jura et facultates Vicarii ac Praefecti Apostolici in proprio territorio cum juribus Episcopi residentialis in sua dioecesi (c. 294 par. 1) liquido patet, exemptionem regularium cum iisdem limitationibus aeque vigere in locis missionum atque in territorio ubi jam constituta est ecclesiastica hierarchia. Itaque regulares Missionarii, non secus ac parochi regulares, subsunt jurisdictioni, visitationi et correctioni loci Ordinarii cum superioritate ac praecedentia ipsius mandati supra mandatum seu praeceptum Superioris regularis, casu quo inter utrumque praeceptum conflictus exoriatur, excepta tamen sola regulari observantia, de qua totum jus et officium competit Superiori regulari (can. 296 par. 1, 2). Iidem Missionarii exhibere debent Vicario seu Praefecto Apostolico suas patentes, quibus tales Missionarii constituuntur, exquirendas a S. C. de Propag. Fide, necnon litteras obedientiales proprii Superioris, sub poena ipsis denegandi exercitium cuiusvis ministerii ecclesiastici (c. 295 par. 1). Ad hoc vero ut sacrum ministerium exercere valeant, impetrare etiam debent licentiam praefati Vicarii sive Praefecti Apostolici, qui tamen eam denegare non debet, nisi singulis et gravem ob causam (Ibid. par. 2).

Quod autem spectat ad bona temporalia Missionariorum servanda sunt, congrua congrins referendo, praescripta quae regularium parochorum bona rescipiunt. (1)

Peculiaria sunt quae statuit can. 297, jus tribuens Vicario vel Praefecto Apostolico cogendi religiosos, etiam exemptos, audito tamen eorum Superiore, ad curam animarum exercendam, dummodo tamen adsint sequentes condiciones: *a*) quod existat vera necessitas ex deficientia sacerdotum saecularium; *b*) quod paaedicti religiosi non prohibeantur expresse a suis legibus quominus exerceant curam animarum; et *c*) ut sint addicti ipsi Vicariatui vel Praefecturae. Item praescribitur in can. 298 ut «si qua dissidia in iis quae ad curam animarum pertinent (siquidem quoad ceteras quaestiones et controversias valet praescriptum can. 1579 superius enodatum), sive inter singulos missionarios, sive inter diversas religiones, sive inter missionarios et alios quoslibet oriri contigerit, ea quamprimum componere curent Vicarii ac Praefacti Apostolici, qui hujusmodi quaestiones, ubi opus fuerit, dirimant, integro tamen jure recursus ad Apostolicam Sedem, qui decreti effectum non suspendit».

Quae in jure praescribuntur et inferius explanabimus circa participationem regularium in Conciliis particularibus necnon in dioecesana Synodo, applicari debent, congrua congruis referendo, regularibus missionariis (cfr. c. 304 par. 2). Insuper dicti missionarii nominari possunt Consiliarii Vicariatus seu Praefecturae (cfr. c. 302), quo in casu id munus acceptare tenentur, itemque assistere

(1) Cfr. can. 296 par. 1; 533 par. 1 n. 4. par. 2; 535 par. 3 n. 2; 630 par. 3, 4. Cfr. etiam quae circa horum bonorum destinationem deprompsimus ex cl. Verm. et S. Pontifice Leone XIII.

debent congregationi missionariorum, ad normam can. 303.

Demum quoad discessum a Missione statuit can. 307 par. 1. ut absque venia Sedis Apostolicae Vicariis vel Praefectis Apostolicis non liceat facultatem concedere missionariis deserendi *in perpetuum* vicariatum aut praefecturam, (quod tamen licebit si a S. C. de Prop. Fide litteras quibus illi missionarii constituuntur nondum obtinuissent) vel alio transeundi, nec eos quoque expellere. Expulsio vero licita erit in casu tantum *publici scandali* et praemonito, quantum fieri posset, Superiore regulari, audito etiam Consilio, de quo in can. 302 (c. 307 par. 2).

II. De ecclesiarum rectoribus.—Sacerdos qui curam gerit ecclesiae ad regulares pertinentis, quae nec paroecialis est, nec adnexa domui regulari, illius *rectoris* nomine in jure venit (c. 479 par. 1). De ipso statuit can. 480 par. 2, ut licet a Superiore nominetur, approbationem obtinere debeat ab Ordinario loci. Attamen haec approbatio nihil aliud importat, ut recte obserbat Aug. II. p. 581, quam simplicem ratihabitionem voluntatis Praelati regularis, nec jus confert praedicto Ordinario rectorem praesentatum examini subjiciendi, ex eo paasertim quod munus illius haud proprie versatur circa curam animarum, prouti infertur ex can. 481.

In ecclesia sibi commissa rector potest divina officia etiam sollemnia celebrare, salvis legitimis fundationis legibus et dummodo non noceant ministerio paroeciali (c 482); functiones vero proprie paroeciales nequit peragere (c. 481). Inter has autem non computantur Benedictiones Cinerum, Palmarum et Candelarum, utpote quae non inveniuntur expressae in can. 462. Cfr. decret. S. C. R. *Urbis et Orbis*, an. 1703: A. S. S. I. p. 591. Nec jus est parocho percipiendi fidelium oblationes quae hisce ecclesiis fiunt. Cfr. A. S. S. II. p. 517-18. Rector quidem tenetur obedire loci Ordinario praecipienti ut horis populo commodioribus officia celebret, fidelibus dies festos ac jejunia denuntiet et catecheticam instructionem et evangelii explicationem tradat, sed hoc condicionate scilicet, si ecclesia, Ordinarii loci judicio, ita a paroeciali distet, ut paroeciani non sine gravi incommodo possint paroecialem ecclesiam adire ibique divinis officiis interesse (c. 483). Iis non obstantibus, ecclesia exempta manet a jurisdictione loci Ordinarii, qui nequit eam visitare, nisi quatenus visitare valet ecclesias conventuales regularium, idest circa nonnulla specifice in jure determinata, quae inferius in numero de visitatione episcopali examini subjiciemus, neque alios actus jurisdictionales ibidem exercere valet. Contrarium tenet cl. Bondini, p. 40-41, innixus verbis can. 485 et 344 par. 1. Nihilominus ex praescripto istorum canonum, mea saltem sententia assertum laud. auctoris non eruitur. En verba can. 585: «Rector ecclesiae, sub auctoritate Ordinarii loci servatisque legitimis statutis ac quaesitis juribus, debet curare seu advigilare ut divina officia ad sacrorum canonum praescripta ordinate in ecclesia celebrentur, onera fideliter adimpleantur, bona rite administrentur....». Jamvero, inter «quaesita ac legitima jura» quae servari debent, eminet illud jus exemptionis regularium, juxta quod ecclesiae ad ipsos pertinentes immunes sunt a jurisdictione episcopali, ut constat ex can. 615. Nec objici potest, praescriptum hujus can. 615 ad unas ecclesias *conventuales* referri, nam ubi jus non dintinguit nec nos distinguere debemus. Quod confirmatur ex aliis locis nostri juris, ubi sub generica expressione: «ecclesia ad religionem exemptam pertinens» pariter comprehenduntur et ecclesiae conventuales et aliae a domo religiosa separatae. Sic ex. gr., in can. 1171 dicitur: «...Ordinarius autem, praesertim horas sacrorum rituum, potest, justa de causa, praefinire, dummodo ne agatur de *ecclesia quae ad religionem exemptam pertineat...*». Patet quod privilegium istud potiori ratione competit ecclesiis conventualibus exemptorum, nihilominus applicari etiam debet aliis ipsorum ecclesiis, quandoquidem can. 480 par. 2 ad significandas ecclesias *non conventuales* exemptorum eadem formula quam sublineavimus utitur, nempe: «Licet *ecclesia pertineat ad aliquam religionem exemptam...*». Et notetur contraditio quae inter illorum canonum 485 nempe ac 1171 praescriptum adesset, si dictae non conventuales ecclesiae exemptae haud existerent sed potius omnimodo subjectae praescripto can. cit. 485: tunc namque divina officia ibidem celebrari deberent «sub auctoritate Ordinarii loci» (c. 485), qui tamen vi alius can. 1171, ne horas quidem sacrorum rituum in illis praefinire posset. Quod inconveniens pariter existeret relate ad bona in ipsis ecclessis rite administranda (cfr. cc. 531 eq.; 630 par. 4) atque onera fideliter adimplenda. Vide cc. 842. 1550.

Illud vero quod asseritur a cl. Bondini, praefatas nempe ecclesias praeterito jure exemptione caruisse, probari nequit. Certum tamen est loci Ordinarium facultatem habuisse illas visitandi, sed in casu tantum quo iisdem *per saeculares* deserviretur, et hoc vigore Tridentini, sess. 7 c. 8, uti constat ex interpretatione data a S. C. C. d. 12 feb. 1569: censuit enim S. C. posse Episcopum visitare praedictas ecclesias etiamsi ad regulares pertinentes, «dum tamen per saeculares eis deserviatur». (1)

Similiter respondendum est argumento desumpto ex par. 1 can. 344 ubi legitur: «Ordinariae episcopali visitationi obnoxiae sunt personae, res ac loca pia, quamvis exempta...., nisi probari possit specialem a visitatione exemptionem fuisse ipsis ab Apostolica Sede concessam.» Jamvero haec specialis exemptio ab episcopali visitatione certissime competit eclesiis *exemptis* regularium, ut ipse Bondini fatetur; ergo cum jam demonstratum sit praedictas ecclesias saeculares, ad regulares pertinentes, vere exemptas esse ab Ordinarii loci jurisdictione, necesse est ut ab ejusdem visitatione pariter eximantur. Quod etiam eruitur ex praescripto par. 2 ejusdem can. sic statuentis: «Religiosos autem exemptos Episcopus visitare potest in casibus tantum in jure expressis.» Nam praefata immunitas ab episcopali visitatione intelligenda est de exemptorum personis, domibus et *ecclesiis*, quae tria, veluti unum idem-

---

(1) Ap. Appeltern-Pintus, P. 4 c 3 par 29 note 4; Mocch. I n. 1449.

que, quod ad regularium exemptionem attinet, ab auctoribus et ab ipso Codice reputantur. Cfr. c. 615.

Ultro concedendum est, plures restrictiones harum ecclesiarum exemptioni esse a jure positas, quae plus minusve aliis regularium ecclesiis etiam applicantur. Hujus generis est praescriptio superius annotata can. 483. Item ea quae continetur in can. 608 necnon in cc. 1334 et 1345, ac praesertim in can. 482, qua facultas loci Ordinario conceditur dirimendi dubium, utrum celebratio divinorum officiorum in praefatis ecclesiis detrimentum afferat ministerio paroeciali, necne, et opportunas normas praescribendi ad illud evitandum. Hoc praescriptum in ultima tantum clausula differt ab illo in par. 3 can. 609 contento, quod ad omnes religiosorum ecclesias extenditur. Quae vero statuuntur in can. 274 n. 6, 337 par. 1, 2, 1261 par. 2, 1337-1342 ac tandem in cit. can. 1171 (cum exceptione tamen supra laudata can. 483 pro ecclesiis non conventualibus) utriusque ecclesiarum regularium speciei communia sunt. Sed de iis in propriis locis sermo erit. Remotio denique rectoris regularis eodem moderatur jure ac remotio parochi vel vicarii regularis (c. 486).

III De administratione sacramentorum.—Circa administrationem sacramentorum respectu fidelium quamplurimum regulares subsunt potestati locorum Ordinariorum. Itaque imprimis vetantur *functiones proprie paroeciales*, de quibus in can. 462, exercere, nisi vel ipsi curam animarum obtineant vel licentiam Ordinarii loci aut parochi impetraverint.

Quoad sacramentum *Confirmationis* subduntur Episcopis, qui jure donantur in omnibus regularium ecclesiis intra fines propriae dioecesis constitutis, hoc sacramentum ministrandi (c. 792). Congruit anteriori disciplinae. (1). Quod vero spectat ad *Eucharistiae* Sacramentum sermo

(1) Cfr. Decl. S. C. C., 10 jun. 1603 et const. *Firmandis* Ben. XIV ap. Mocch. III. n. 830 par. 2, quibus facultas Episcopis tribuebatur inovedientes compellendi etiam per censuras.

erit in capitulo de exemptionibus localibus. Nunc autem de administratione sacramenti *Poenitentiae* duae exponentur quaestiones, quarum prima circa confessiones monialium, altera vero circa saecularium confessiones.

A). De confessionibus monialium.—Sacerdotes regulares cujuscumque sint gradus aut officii nequeunt absque Ordinarii loci approbatione valide excipere monialium etiam sibi subjectarum confessiones (c. 525). Quinimo, revocata qualibet particulari lege seu privilegio (qualis fuit lex illa specialis per *Breve* Urbani VIII in Hispaniarum regnis inducta; cfr. Bened. XIV, *De Syn.* lib. IX. c. 15, IX), ad confessiones quarumcumque religiosarum ac novitiarum valide et licite recipiendas omnes sacerdotes indigent peculiari jurisdictione, quam illis confert Ordinarius loci, ubi sita est domus religiosarum, salvo praescripto can. 239, par. 1, n. 1, quo haec jurisdictio per privilegium Cardinalibus S. R. E. conceditur (quin tamen eam delegare valeant, nisi ad norman can. 525). necnon praescripto can. 522, 523, quos in superiori artículo jam exposuimus.

Superiori tamen regulari jus est praesentandi Ordinario loci confessarios tum ordinarios tum extraordinarios ad audiendas confessiones monialium sibi de facto subjectarum; sed Episcopi est negligentiam Superioris, si qua adsit, supplere (c. 525), ex. gr., quando Superior neglexerit praescriptiones can. 520 par. 2 sive can 521 par. 1, 2. Insuper loci Ordinarius gaudet potestate amovendi praedictos confessarios, quin teneatur causam amotionis cuipiam significare, quod tamen facere non ei licet, nisi gravem ob causam; de amotione autem Superiorem regularem monere debet (can. 527). In hoc canone ampliatur facultas Episcopis tributa a Gregorio XV, const. *Inscrutabili* et a S. C. C. ad calcem ejusdem const. explanata (quae legi possunt ap. Ferraris, v. *Regulares*, art. II. par. 5, n. 5), removendi istos confessarios, postquam Superiores ab Episcopis admoniti, illos amovere neglexerint. Ceterum, tota haec disciplina circa confessiones monialium aliarumque religiosarum, fere ad litteram desumpta est ex decreto S. C. de Rel. *Cum de Sacramentalibus*, d. 3 feb. 1913 (A. A. S., V, p. 634). Jus vero praecedens fundatur in Concilio Trid., sess. 25 c. 10 de Reg., jubente ut praeter ordinarium confessarium alius extraordinarius ab Episcopo aliisque Superioribus bis aut ter in anno monialibus offerretur. Quod statutum fuit explicatum atque adauctum a Bened. XIV in sua const. *Pastorali* d. 5 aug. 1748, eique accedit decretum Leonis XIII *Quemadmodum*, 17 nov. 1890. (1) Pro confessariis vero religiosarum votorum simplicium ante cit. decretum *Cum de sacramentalibus* non requirebatur specialis jurisdictio, quanquam Episcopi, mentem SS. CC. interpretantes, exigere solebant ut sacerdotes hanc peculiarem approbationem obtinerent, et quidem ad validitatem illarum confessionum. Cfr. Verm. I. n. 477. Item ex praescripto S. C. EE. et Reg., 16 maii 1653, in confessarium ordinarium monialium quae jurisdictioni episcopali subdebantur regularis eligi non poterat (cfr. Ferraris, v. *Regulares* nota 109), idemque valebat pro sororibus votorum simplicium, proutifas est videre in responsione ejusdem S. C. ad Rmum. Episcopum *Habanensem*, data die 1 sep. 1905: A. S. S. v. 38, p. 148. Haec restrictio non existebat pro confessariis monialium Praelatis regularibus subjectarum (de facto); nihilominus in munus earumdem confessarii *extraordinarii* regularis *ejusdem ordinis* eligi nequibat. In ditione vero Hispanica mens S. Sedis fuit ut pro confessariis monialium de jure exemptarum, sed propter peculiares circunstantias Ordinariis locorum ad tempus subjectarum, religiosi ejusdem ordinis deputarentur (decr. S. C. de Rel. 24 maii 1911: A. A. S. v. 3, p. 239 sq.). Hodierno autem jure praedictae omnes limitationes abrogatae sunt. Cfr. can 524 par. 1.

*B)* De saecularium confessionibus.—Quod attinet ad confessiones saecularium a regularibus audiendas, jus antiquum jam exigebat ut ab Episcopo approbatio expostularetur. Cfr. Bullam Bonifacii VIII *Super cathedram*, c. 2.

(1) Ap. Verm. II. p. 488; vid. etiam Blat, pag. 497 sq.

*Extrav. Comm.* III. 6 *de sep.* necnon *Clem. Dudum*, c. 2. III. 7, par. *Statuimus*. Casu vero quo regulares approbare Ordinarius noluerit, decernebatum ut nihilominus confessiones «libere liciteque audire valerent (Bon. VIII, 1. c.)». Huic vero juris dispositioni derogatum est per Concilium Tridentinum (sess. 23 c. 15) statuens «nullum etiam regularem, posse confessiones saecularium, etiam sacerdotum, audire, nec ad id idoneum reputari, nisi aut paroeciale beneficium, aut ab Episcopis per examen, si illis videbitur esse necessarium, aut alias idoneus judicetur, et approbationem, quae gratis detur, obtineat; privilegiis non obstantibus». Haec necessitas approbationis requirebatur pro regularibus, etiam doctoribus et Theologiae professoribus, uti auctores affirmant. (1) Circa limitationem hujusmodi approbationis jus Codicem praecedens continebatur in Bulla Clementis X quae incipit *Superna*, in qua statuitur: «Non posse Episcopum approbationem limitare regularibus quos reperit *generaliter* idoneos; aliis vero non adeo idoneis potest vel limitatam facultatem, vel nullam concedere». Apud Mocch. I. n. 955, qui postea addit: «Cui quidem juri communi sic stabilito nunquam fuisse postea derogatum docent communiter auctores, et certe contrarium probari non potest». Vid. etiam Bouix, II. p. 230. Attamen, ut notat cl. Verm. I. n. 516, Ordinarius loci in approbandis regularibus quasdam limitationes apponere poterat non ex jure scripto «sed ex consuetudine cui non repugnat sancta Sedes». Cfr. Ferraris v. *Regulares*, nota 109.

Hodierna disciplina quae continetur in can. 873 et seq. completior quidem ac simplicior apparet. Etenim imprimis can. 874, par. 1, dirimit quaestionem inter theologos et canonistas valde agitatam, a quo nempe regulares sacerdotes jurisdictionem ad confessiones *saecularium* audiendas reciperent, an inmediate a Romano Pontifice per

---

(1) Cfr. Ferraris, v. *Approbatio*, art. I. n 47; Bouix, II, p. 219; Piat, II, Q. 237

Superiores suos, vel potius ab Ordinario loci. (1) En textum can. 874 supra citati: «Jurisdictionem delegatam ad recipiendas confessiones quorumlibet sive saecularium sive religiosorum confert sacerdotibus tum saecularibus tum religiosis etiam exemptis *Ordinarius loci* in quo confessiones excipiuntur». Hic notat cl. Verm. *Summa*, n. 344, ex verbis hujus canonis nunc certo constare religiosos etiam exemptos, quando confitentur sacerdoti saeculari, «dioecesana jurisdictione absolvi, quae proin dioecesanis reservationibus afficitur, nisi simul a Superiore exempto regularem jurisdictionem confessarius obtinuerit», ideoque in hoc puncto exemptos hodierno jure peregrinis aequiperari. Cfr. resp. Comm. ad can. Cod.: A. A. S. dec., 1920, p, 576.

Sacerdotibus autem religiosis uti non licet sine licentia saltem praesumpta sui Superioris, jurisdictione ab Ordinario loci obtenta, firmo tamen praescripto can. 519, in superiori articulo jam explanato (c. 874 par. 1).

Dubium moveri potest utrum regulares confiteri valeant apud Canonicum Poenitentiarium vel Parochum loci, qui, stricte loquendo, dici nequeunt *approbati ab Ordinario loci*, utpote qui ipso jure ordinaria pollent jurisdictione ad confessiones audiendas. Porro, licet hoc verum sit, nihilominus, ut recte notat Fanfani, op. cit., n. 103, id quod praedicti munera Parochi et Poenitentiarii exerceant est dependenter ab Ordinario loci; ideoque «in favorabilibus vere possunt dici confessarii ab Ordinario loci approbati pro *omnibus fidelibus*».

Quoad jurisdictionem vero sacerdotibus regularibus ab Episcopis tribuendam praescribit laud. can. 874 in par. 2, ut locorum Ordinarii eam habitualiter non concedant religiosis qui a proprio Superiore non praesentantur; iis

---

(1) Cfr. Mocch. I. n. 986 sq.; Bouix, II, p. 217 et tandem Capello, *De Censuris*, p. 186 nota 1, qui asserit immutationem maximi momenti per hunc canonem in hac re inductam fuisse, «nam jure antiquo, inquit, religiosi sacerdotes jurisdictionem immediate a R. Pontifice, non autem a loci Ordinario, per Superiores suos accipiebant et nonnisi ad confessiones saecularium excipiendas, ipsis opus erat *approbatio* ab Ordinario loci concessa.»

vero qui a proprio Superiore praesentantur, sine gravi causa haud denegent. Haec tamen, uti patet, ad liceitatem solummodo spectant. Sacra C. C. die 7 junii 1755 declaravit regulares teneri pro obtinenda facultate audiendi confessiones, sive saecularium sive monialium, se *personaliter* coram Episcopo praesentare; quae tamen praesentatio personalis non amplius necessaria videtur cl. Bondini (p. 88), cum canon requirat tantum ut Superior religiosum praesentet quod utique et per epistolam fieri potest. Nihilominus, subdit P. August., v. IV, p. 264, si loci Ordinarius insistat ut praesentatio personaliter fiat nullatenus excederet limites propriae facultatis.

Quod vero attinet ad limitationes hujusmodi delegatae jurisdictionis exstat can. 878, tribuens Ordinariis locorum necnon Superioribus regularibus, qui, ut in praecedenti articulo notavimus, jurisdictionem pro confessionibus suorum subditorum audiendis conferre valent ad normam can. 875, facultatem eam elargiendi certis quibusdam circumscriptam finibus, dummodo tamen nimis illam non coarctent sine rationabili causa. Hoc jus limitandi jurisdictionem confessariis exerceri potest sive quoad *personas*, si ex. gr. pro solis confessionibus virorum concedatur, sive quoad *materiam* confessionis, quando nempe non datur facultas absolvendi a reservatis, tum quoad *tempus* tum demum quoad *locum*. Circa vero idoneitatem confessarii retinetur disciplina Concilii Tridentini supra exposita (can. 877). Ordinario loci itemque Superiori regulari fas est insuper concessam jurisdictionem revocare aut suspendere, sed nonnisi ex gravi causa (ç. 880 par. 1), ob quam etiam possunt parocho regulari aliisque qui loco parochi sunt, quique pro sua paroecia *ordinaria jurisdictione* pollent (c. 873 par. 1), confesarii munus interdicere, salvo recursu in devolutivo ad Sedem Apostolicam (can 880 par. 2). Non tamen licet Episcopo, inconsulta Sede Apostolica, omnibus alicujus religiosae domus formatae confessariis una simul jurisdictionem adimere (Ibid., par. 3). Animadvertit cl. Verm. I. n. 516 et post illum Bondini, p. 91-92, jus auferendi jurisdictionem confessario regulari approbato *ad beneplacitum* vel eandem tollendi *ante tempus* litteris definitum esse *jus personale* Episcopi, ac proinde exerceri non posse a Vicario Capitulari. Immo etiamsi approbatio fiat sine limitatione ulla non videtur posse auferri a Vicario Capitulari vel Generali, absque speciali mandato. Ita August., IV, p. 282. Praedictae sententiae nituntur cuidam decissioni S. C. Ep. et Reg., ap. Bizz. p. 451, ubi talis facultas denegatur Vicario Capitulari; praelaudatus vero August. arguit etiam ex illo verbo «Episcopo» a Codice adhibito in par. 3 can. 880 et contraposito altero termino «Ordinarius», quod apparet in par. 1 et 2 ejusdem canonis. Contrarium sentit P. Goyeneche (Comm. pro Rel., jun. 1920, p. 190), asserens nullibi in Codice hanc doctrinam inveniri, dum e contra potestas dandi vel tollendi licentiam ad confessiones pertinet ad Ordinarium loci (cc. 874, 880 par. 1, 2), ac proin et ad Vicarium Capitulare (cfr. c. 198).

Ex supra dictis clare apparet confessarios regulares adstringi *episcopalibus censuris reservatisque casibus* quod attinet ad *absolutionem fidelibus* impertiendam (can. 893 par. 1). Idem juris erat in disciplina anteriori, prout constat ex decretis et declarationibus S. C. Ep. et Reg. auctoritate SS. PP. Clem. VIII (an. 1602). Paulo V (an. 1617), Urbano VIII (an. 1628) editis, quae integra inveniuntur ap. Vicentia, *De Privil. Reg.*, p. 60-61; Chokier, p. 337-40. Quinino Clemens X in cit. const. *Superna* definivit, per *mare Magnum*, aliave privilegia, nulli regularium, cujuscumque ordinis, instituti seu societatis, etiam Jesu, factam esse potestatem absolvendi a casibus Episcopo reservatis, et insuper sancivit: «Habentes facultatem absolvendi ab omnibus casibus Sedi Apostolicae reservatis, non ideo a casibus Episcopo reservatis posse absolvere.» Ex Bened. XIV., *De Syn.* lib. 5, c. 5, VI-VII Item confessarii regulares *servare debent cautelas ab Ordinario loci praescriptas pro feminarum confessionibus excipiendis*, quando ex causa infirmitatis aliave verae necessitatis, extra sedem confessionalem eas audire oporteat (can. 910 par. 1).

IV. Benedictio papalis.—Regularibus tandem prohibetur quo minus papalem benedictionem eodem die ac loco quo Episcopus illam impertiatur ipsi in suis ecclesiis vel in ecclesiis monialium aut tertiariorum suo ordini legitime agregatorum impertiant (can. 915). Antea regulares nequibant in ecclesiis monialium etiam sibi subjectarum uti privilegio impertiendi talem benedictionem, sicuti hodie ex verbis hujus canonis ipsis conceditur. Cfr. resp. S. C. Indulg., 4 feb. 1754: Decr. Auth. n. 199. Advertere etiam oportet cum cl. Verm., *Summa*, n. 373, 2, canonem 915 non agere de benedictione papali quam in fine missionum vel similibus adjunctis missionarii regulares impertire permittuntur; sed de privilegio quo, sine alia condicione vel missionis vel similis exercitationis pietatis, regulares talem benedictionem dare queunt. Quoad hoc tantum limitatur usus ad certas ecclesias nempe, ipsorum regularium et monialium vel tertiariorum primo ordini legitime agregatorum; et excluduntur dies et locus (civitas, oppidum), quibus Episcopus eam impertiat. Quae exclusio praescripta jam invenitur in praeterita legislatione. Cfr. Breve Leonis XIII, 7 jul. 1882: Decret. S. C. R. n. 3550. Addit tandem cl. Blat, *De Rebus*, P. I, pag. 302, regulares vi can. 915, papalem benedictionem impertire valere in propriis ecclesiis etiam disjunctis seu non adnexis communitatibus, necnon in ecclesiis monialium «tan Ordini, quam Ordinario locorum subjectarum, cum canon nihil discernat, ac tandem in ecclesiis tertiariorum licet regularium jurisdictioni non subjectorum; nec tamen loquitur de tertiariis saecularibus quorum non sunt propriae ecclesiae».

Insuper regulares subduntur Episcopis in iis omnibus quae sunt *ordinis episcopalis*, ut in consecrationibus, de quibus inferius agetur, et praesertim in susceptione *sacrorum ordinum*.

V. Ordinatio regularium.—Jamvero quoad sacramentum Ordinis haec sunt placita novi juris: *a) Abbas regularis de regimine* conferre potest primam tonsuram et ordines minores, dummodo promovendus sit ipsi subditus vi professionis saltem simplicis, ipse vero sit presbyter et benedictionem abbatialem (de qua in can. 625) legitime acceperit. Extra hos limites, ordinatio, ab eodem collata, revocato quolibet contrario privilegio, est irrita, nisi ordinans charactere episcopali polleat (c. 964 n. 1). Si vero praedicto charactere ornetur, etiam ordines majores suis subditis vi professionis sollemnis conferre licebit, ut infertur ex can. 959. Concilium Trid. (c. 10 sess. 23 de Ref.) praescripsit ut «Abbatibus... *non liceat* in posterum intra fines alicuius dioecesis consistentibus, etiam si nullius dioecesis vel exempti esse dicantur, cuiquam, qui *regularis subditus* sibi non sit, tonsuram vel minores ordines conferre.» Differentia ergo cum nostro jure stat in eo quod praeterita legislatione tantummodo illicite, non tamen invalide, prouti hodierno jure contingit, collata essent ordines minores vel tonsura a dictis Abbatibus regularibus aliis personis praeter illas sibi subditas vi professionis religiosae. Quae professio, juxta declarationem S. C. C. d. 14 maii 1689, *votorum sollemnium* esse debebat. Attamen, introducta a Pio IX professione triennali votorum simplicium ante sollemnem professionem, communiter reputabatur sufficiens professio illa simplex ad licitae ordinationis effectum, cum per ipsam monachi fierent vere et proprie *subditi* sui Abbatis. Cfr. Piatus t. II. P. 5, c. I, Q. 212 n. 23, (1) Haec sententia nunc confirmatur, ut vidimus, in can. 964.

Facultas conferendi hos ordines inest Abbatibus regularibus de regimine, non vero Abbatibus titularibus qui nulli monasterio exempto a jurisdictione Episcopi, etsi sine territorio nullius, praesunt. Ad hanc autem facultatem exercendam exigit Codex ut legitime acceperint benedictionem abbatialem. quae tamen benedictio non confert illis jurisdictionem in proprios subditos, quam ab ipsa sua electione jam abtinent; requiritur nihilominus ut privile-

(1) Disciplina vero quoad *Abbates nullius* maximam in novo jure accepit mutationem, ut facile patet ex collatione praefati textus Tridentini cum praescripto can. 957.

giis de quibus in can. 325 (excepto usu pileoli violacei), necnon memorata conferendi ordines potestate frui valeant. Benedici debent intra tres menses a sua electione, et quidem ab Episcopo loci in quo monasterium situm est (c.625). Antea huic obligationi intra annum a sua electione satisfacere poterant. Auctores insuper docebant quod si Episcopus dioecesanus benedictionem ter humiliter petitam Abbatibus denegaret, alius Episcopus eam impertire valebat, nec iterum benedici poterant, licet ad aliud monasterium, extra propriam etiam dioecesim, translati fuerint. Cfr. Wernz, II. n. 388 et Ojetti, v. *Abbas*. Haec etiam valere nostro hodierno jure infertur ex eo quod praescriptum can. 625 jus vetus refert, atque ideo ex antiquis criteriis interpretari debet (c. 6 n. 2, 3); (1)

*b)*. Superiores Majores suis subditis concedere possunt *litteras dimissorias* ad ordines *etiam sacros* recipiendos juxta normam c. 964 nn. 2-4, sine quibus a nullo Episcopo licete ordinari possunt. Congruit juri antiquo (Conc. Trid. sess. 23 de Ref. c. 8). In iis litteris Superior fidem facere debet de qualitate et domicilio ordinandi, necnon de studiis ac de peractis exercitiis spiritualibus, deque aliis jure requisitis. Acceptis litteris dimissorialibus, Episcopus non indiget aliis testimonialibus (c. 995), bene tamen potest ex causa rationabili illas expostulare. Cfr. Verm,, *Summa*, n, 411. Pro recipienda vero prima tonsura et ordinibus minoribus Superiores eas concedere valent professis votorum simplicium, de quibus in can. 574, haud tamen novitiis, uti plerique auctores antiquo jure autumabant. Cfr. ex. gr. Verm. I. n. 193.

Superiores regulares praefatas litteras dimissorias mittere tenentur ad Episcopum loci, ubi ordinandi commorantur (c. 965). Attamen, in casibus per can. 966 par. 1

---

(1) Notat cl. Goyeneche (*Comm. pro Rel.*, jun. 1920 p. 189-90, privilegium a plurimis Abbatibus ante Codicem obtentum, vi cujus censeba tur benedicti eo ipso quod eligebantur. adhuc manere vi can. 4. 613 par. 1. «tantum, inquit. potestas coferendi primam tonsuram et ordines minores illud privilegium consequens Abbatibus non benedictis sublata est.»

contemplatis, eas mittere possunt ad alium Antistitem, servatis condicionibus in can. 966 par. 2 et 967 praescriptis, Quae omnia fere concordant cum dispositionibus Bened. XIV in sua const. *Impositi nobis*, 27 feb. 1747. per quam confirmatum auctumque fuit decretum Clementis VIII, d. 15 mart. 1596, quod in eadem benedictina constitutione fas est videre (ap. Ferraris, v. *Ordo*, art. 3, n. 110 et Mocch. I. n. 858 sq.). Per hoc decretum S. Pontifex redintegravit jus Tridentinum (sess. 23 c. X de Ref.), ex quo unusquisque ordinandus erat a proprio Episcopo, non obstantibus quibusvis privilegiis, praescriptionibus aut consuetudinibus, etiam immemorabilibus. Cfr. Piatus, t. 2, P, 5. c. 2, Q. 350. Aliquibus tamen regularibus Praelatis concessum fuit speciale privilegium mittendi dimissorias litteras ad quemlibet catholicum Antistitem: hoc privilegio fruuntur PP. Societatis Jesu ex concessione Gregorii XIII (Bulla *Pium et utile*, 22 sep. 1582), vi cujus eorum alumni recipere valent tres ordines sacros tribus continuis festis a quocumque Episcopo, extra tempora et non servatis interstitiis. Vid. Ferraris, l. c., n. 69; Mocch. I. n. 912. Eodem privilegio gaudent FF. Minores *in partibus Indiarum Occidentalium existentes*, ex const. *Cum sicut* Urbani VIII, 30 jun. 1625, quae legi potest ap. Ferraris, l. c. n. 71 Praedictae concessiones, utpote quae inmediate ante Codicis promulgationem adhuc sustinebantur (cfr. Mocch. I. n. 866), etiam nunc post Codicem promulgatum vim suam retinent (can. 4), siquidem nulla invenitur derogatio privilegiorum quae adversantur praescripto can, 978. Sanctio denique poenalis, suspensio nempe a celebratione Missae por mensem ipso facto incurrenda, statuitur in can. 2410 adversus Praelatos regulares, qui contra praescriptum can. 965-967, subditos suos ad Episcopum alienum ordinandos remittere praesumpserint; idest, sive litteras dimissorisa ad alium Episcopum miserint, sive in fraudem Episcopi dioecesani, celantes nimirum actibus suis intentionem violandi illius jus, ad aliam religiosam domum subditum ordinandum mittant, sive de industria concessionem litterarum dimissoriarum in id tempus distulerint, quo Episcopus vel abfuturus, vel nullas habiturus sit ordinationes. Haec suspensio non est censura, sed poena vindicativa (cfr. can, 1241 par. l. 2286), ideoque finiri debet ejus expiatione vel dispensatione (vid. can. 2279, 2236 par. 1). Ab ea incurrenda quaevis ignorantia, praeter affeetatam, excusat, et metus, quantumvis levis (cfr. can. 2229 par. 2). Mensis sumitur prouti est in calendario et tempus supputatur de momento in momentum (can. 34 par, 2). Tandem non vetatur suspenso Sacramenta et Sacramentalia ministrare et alios actus potestatis ordinis et jurisdictiones exercere. (1) Jure antiquo, vi laud. decreti Clem. VIII et const. Bened. XIV antea citatae, Superiores in hoc delinquentes plectebantur privatione officii ac dignitatis, seu administrationis, necnon vocis activae et pasivae S. Pontifici reservata. Cfr. tamen Píat, l. c. Q. 537.

Tunc tantum Superior ad alium Episcopum dimissorias mittere potest, cum Episcopus dioecesanus licentiam dederit, aut sit diversi ritus, aut sit absens aut non sit ordinationem habiturus proximo legitimo tempore ad normam can. 1006 par. 2, vel denique cum dioecesis vacet nec eam regat qui charactere episcopali polleat. Necesse tamen est ut singulis, in casibus id Episcopo ordinaturo constet ex authentico Curiae episcopali testimonio (can. 966). Vigore igitur hujus canonis, in casu vacationis dioecesis, si eam regat qui charactere episcopali polleat, regulares ab ipso ordinandi sunt. Hoc praescriptum jure antiquo nullibi invenitur. Illud vero circa necessitatem attestationis Curiae dioecesanae prima vice statutum fuit a Bened. XIV, laud. const., qua exigebatur «authentica attestatio Vicarii Generalis, vel Cancellarii, aut Secretarii ejusdem Episcopi dioecesani, ex qua constet, vel ipsum a dioecesi abesse, vel Clericorum Ordinationem habiturum non esse proximo legitimo tempore per ecclesiasticas leges ad hunc effectum

---

(1) Vid. Capello, *De Censuris*, p. 192-3; Ferreres, *Theol. Mor.*, II, n. 1312; Blat, *De Rebus*, p. 381.

statuto». Has dispositiones S. C. C., 29 apr. 1604, ita stricte observandas voluit, ut ne in casu quidem quo Episcopus recusaret absque justa causa regularem ordinare aut licentiam concedere, poterant Superiores illum ad alienum Antistitem mittere; tantum ipsis supererat recursus appellationis. Eadem S. C., 11 feb. 1703, declaravit regulares teneri, licet cum proprio incommodo, mandatis stare dioecesani Episcopi casu quo ipse ordinationes habuerit in angulo remoto suae dioecesis. Haec praescripta vim adhuc habere nostro hodierno jure recte censet cl. Bondini p. 102-3, cum in hac re juri veteri conformetur.

Regulares insuper subjiciuntur Episcopis quoad examen subeundum pro sua ordinatione: Episcoporum enim est statuere methodum, examinatores (qui posunt esse et ipsi Superiores regulares), necnon materiam seu tractationes sacrae Theologiae (c. 996 par. 3, 997), inter quas notari debet, computandas non esse materias affines seu subsidiarias, prouti sunt historia vel jus ecclesiasticum. Verum, pro tonsura et minoribus ordinibus, examen versetur oportet solummodo circa ipsum ordinem suscipiendum (c. 996 par. 1). Hoc examen recipit loci Ordinarius qui jure proprio ordinat vel licentiam praebet ut ab alieno Episcopo ordinatio fiat. Episcopus vero extraneus, etsi acquiescere possit attestationi de examine rite peracto, ad hoc tamen non tenetur, novoque periculo ordinandum subjicere valet (c. 997). Antiquitus jam sancierat Trid., sess. 23 c. 12 de Ref., ut «regulares quoque.... nec sine diligenti episcopi examine ordinarentur; privilegiis quibuscumque quoad hoc penitus exclusis». Cfr. etiam cit. Dec. Clem. VIII. Materia hujus examinis restringebatur ad ea quae ipsum ordinem suscipiendum respiciebant. Postmodum vero prodiit decretum S. C. Ep. et Reg., 4 nov. 1892, statuens ut religiosi, etiam regulares, ad sacros ordines non admitterentur «nisi, praeter alia a jure statuta, exhibeant, quod saltem per annum sacrae theologiae operam dederint, si agatur de subdiaconatu, ad minus per biennium, si de diaconatu,et quoad presbyteratum, saltem per triennium, praemisso tamen regulari aliorum studiorum curriculo. (1) Quaestio nunc fieri potest, utrum casu quo Praelati regulares, qui privilegium habent mittendi litteras dimissorias ad quemlibet Antistitem, illo uti voluerint debeant sese subjicere Episcoporum mandatis circa examen praevium. Admittit quidem cl. Verm., *Summa*, n. 412, privilegium exemptionis ab examine episcopali satis consequenter sequi hujusmodi privilegium; nihilominus Episcopo ordinanti, idem auctor subdit, restat facultas exigendi examen quam can. 997 etiam ei tribuit qui alienum subditum ordinat.

Tandem notificari debet susceptio ordidinis subdiaconati ad parochum baptismi ordinatorum, qui id adnotare tenetur in suo baptizatorum libro, ad normam can. 470 par. 2 (c. 1011), quae notificatio fieri etiam debet post sollemnem professionem cujusvis religiosi (can. 576 par. 2). Haec praescripta omnino nova sunt.

VI. De Verbi Dei praedicatione.—Circa munus praedicationis quod ad regulares attinet, disciplina nunc vigens quae inserta invenitur in can. 1338 et sq. notabilem antiquo juri mutationem inducit, maximeque consonat hodiernae legislationi circa regulares confessarios.

1. Etenim jus Codicem praecedens continetur in sess. 5, c. 2 de Ref. (Conc. Trid.) necnon in cit. const. *Superna* Clementis X, quibus decernebatur ut regulares qui in ecclesiis *sui ordinis* coram populo praedicare voluerint benedictionem peterent ab Episcopo dioecesano, praedicare tamen possent, licet eam non obtinuerint, minime vero, si Episcopus contradixerit. In ecclesiis autem proprio ordini extraneis nullatenus praedicare valebant absque *obtento* Episcopi licentia. Si vero praedicator errores aut scandala in populum disseminaverit, Episcopus ei praedicationem interdicere debebat, etiam in ecclesia monasterii, cui congruit praescriptum can. 1340, par. 2.

---

(1) Vid. textum Decr. cum declar. S. C. de Rel., 7 sept. 1909 ap. *Monum. J. Reg.*, p. 109 sq.

In actuali disciplina sacerdotes regulares ad concionandum tam in propriis ecclesiis adnexis vel non domui regulari, quam in aliis quibuslibet, indigent facultate Ordinarii loci, excepto unico casu quo praedicta concio habenda sit ad ipsos regulares viros aliosve de quibus in can. 514 par. 1: tunc enim facultatem concionandi tribuit eorum Superior secundum Constitutiones; qui in casu potest eam concedere etiam iis qui de clero saeculari vel de alia religione sunt, dummodo a proprio Ordinario vel Superiore fuerint idonei iudicati (can. 1338 par. 1). In ordine laicali hanc licentiam dat loci Ordinarius; sed concionator nequit facultate uti sine Superioris religiosi assensu (Ibid. par. 3). Vide etiam can. 484 par. 2.

Quoad necessitatem licentiae Superioris ac testimonium idoneitatis concionatoris, necnon circa limitationes concessae facultatis, eadem ferme statuuntur ac pro concessione atque exercitio jurisdictionis ad confessiones excipiendas, ut apparet ex praescripto can. 1339 par. 1, 2; 1340, ex quibus infertur Ordinarium loci posse revocare ex legitimis causis facultatem concionandi omnibus cujuscumque domus religiosis, quod, agere non valet, inconsulta Sede Apostolica, quando sermo est de auferenda jurisdictione pro confessionibus audiendis omnibus simul alicujus domus formatae sacerdotibus, prout superius exposuimus. Item ex par. 2 can. 1340 constat regulares teneri novo examini sese subjicere, si Episcopus, suborto dubio de eorumdem doctrina, hoc necessarium judicaverit ad dubitationem excutiendam. Si vero agatur de concionando extra dioecesim, licet in ecclesia ordinis propria, nova requiritur approbatio loci Ordinarii in quo concio habenda sit, pro cujus concessione sufficit ut exhibeatur congruum testimonium super concionatoris doctrina, pietate ac moribus, a proprio Superiore praestitum Cfr. can. 1341.

2. Quod vero attinet ad obligationem sacerdotibus regularibus iniunctam *opus suum dioecesibus praestandi*, exstant in novo jure diversa praescripta, quae nunc breviter examini subjiciemus. Imprimis canon 608 par. 1 sic

loquitur: «Curent Superiores ut religiosi subditi, a se designati, praesertim in dioecesi in qua degunt, cum a locorum Ordinariis vel parochis eorum ministerium requiritur ad consulendum populi necessitati, tum intra tum extra proprias ecclesias aut oratoria publica, illud, salva religiosa disciplina, libenter praestent.» Et in par. 2: «Vicissim lecorum Ordinarii ac parochi libenter utantur opera religiosorum, praesertim in dioecesi degentium, in sacro ministerio et maxime in administrando sacramento poenitentiae.» Ex quibus verbis confirmatur doctrina et praxis Ecclesiae a primis saeculis jam servata utendi nimirum opera regularium pro animarum cura necnon pro recta gubernatione atque institutione fidelium universalisque Ecclesiae. Hic memorare oporteret testimonia Sanctorum ac Doctorum, documentaque Pontificia, quae circa hanc praxim et doctrinam non semel prodierunt, de quibus aliqua sumus locuti in superioribus articulis. Hic etiam locus proprius adest notandi desiderium vehemens Sanctae Matris Ecclesiae concordiam servandi atque fovendi inter utriusque Cleri ministros; nam praedictam «concordiam, ait Leo XIII (laud. const. *Romanos Pontifices*) efflagitat finis communis qui situs est in salute animarum iunctis studiis ac viribus quaerenda;... haec signum est quod sinceros Chiristi discipulos ab iis disterminat qui se tales esse mentiuntur...».

Verba cit. can. 608, licet non videantur stricte praeceptiva, continent tamen, ut recte notat cl. Bondini, p. 52 verum praeceptum. «Quare, inquit praefatus auctor, officio suo deessent regulares si, salva eorum religiosa disciplina, recusarent praestare opus suum Episcopo et parochis poscentibus istisque pateret aditus recursus ad Sedem Apostolicam.» Quod confirmatur ex praescripto can. 1334, 1336, 1345. Etenim ea doctrina primi horum canonum constat quod stante vera necessitate, judicio Ordinarii loci comprobata (cui judicio regulares stare debent, nisi de contrario manifesto constet), tenentur ipsi ad praebendam populo *catecheticam instructionem*, praesertim in propriis ecclesiis; unde sequitur etiam teneri in alienis ecclesiis, si ab Episcopo praecipiatur; cauto tamen quod regulari disciplinae detrimentum non afferatur, quia si absque tali detrimento hoc facere nequeant, aut etiam si observantia praescriptionum Ordinarii loci circa modum catechesis tradendae, quibus alioquin exempti obligarentur juxta praescriptum can. 1336, cum regulari pugnet disciplina, dictae obligationes vel penitus cessarent vel ad illud tantum reducerentur quod cum praefata disciplina conciliari posset. Hic quaeri potest utrum requiratur praevia licentia Episcopi ad hoc ut liceat regularibus in suis ecclesiis, vel etiam in extraneis, catechesim populo tradere. Praeterito jure haud videbatur requiri, nam neque constitutio *Superna* Clem. X nec decretum Trid. (sess. 5 de Ref. c. 2) supra citatum ad simplices catecheses referebantur. Cfr. Wernz, t. III, tit. 2 n. 45. Ita etiam non semel declaravit Apostolica Sedes; vide responsiones S. C. C. necnon S. C. Ep. et Reg. ap. A. S. S. v. II, pag. 184-189, 157. Immo auctores docebant Episcopum non posse regulares prohibere a preedicta catechismi instructione in propriis ecclesii populo tradenda. (1) Ad modum vero quod spectat catechesis praebendae, res tota, sicuti hodie, ab Episcopo pendebat. Jamvero nihil in Codice habetur contrarium praefatis auctorum interpretationibus, quae proin etiam hodie sustineri possunt.

3. Insuper statuit can. 1345, ut si quando loci Ordinarius, datis opportunis instructionibus, praeceperit ut diebus festis de praecepto in omnibus ecclesiis vel oratoriis publicis sui territorii *brevis Evangelii* aut *catechismi* explanatio intra Missarum celebrationem fidelibus praebeatur, hac lege regulares adstringantur, licet de illis expressa mentio non fiat: ita Blat, *De Pers.*, p. 598. Hoc jam statutum invenimus veteri jure, quamvis non, sicut hodie per legem generalem. Cfr. Piat, 1. c., Q. 305.

4. Jus quoque habent Ordinarii locorum *concionandi in qualibet sui territorii ecclesia, licet exempta*, et, *nisi agatur de magnis civitatibus*, possunt insuper «prohi-

(1) Cfr. Piat. tom. II, p. 5, c. 2, Q. 304, ubi adducit resp. S.C.C., d. 30 mart. 1726, quae legi potest in A.S.S. l. c., p. 156-7.

bere ne in aliis ejusdem loci ecclessiis (quamquam exemptis) verba fiant ad fideles, quo tempore vel concionem ipse habet vel coram se, *ex causa publica atque extraordinaria* (ideoque non ex alia quacumque causa), *convocatis fidelibus* habendam curat» (can. 1343). Quae ultimae condiciones non est necesse ut habeantur, quando ipse Ordinarius concionem habet. Haec praescripta apprime congruunt juri antiquo, tum Decretalium (Clem. *Dudum; Inter cunctas,* I *de Priv.)* tum Romanarum Congregationum (cfr. dec. d. 17 jan. 1583 S. C. Ep. et Reg. etc.)

DE FIDEI PROFESSIONE.—Regulares tenentur ad fidei professionem *coram loci Ordinario ejusve delegato* emittendam *a)*: antequam promoveantur ad ordinem Subdiaconatus; *b)* quando confessionibus (saecularium) excipiendis destinantur vel *c)* munus concionatoris accipiunt, antequam facultate donentur ea munia exercendi, et tandem *d)* parochus et vicarius regularis, priusquam suum officium exercere incipiant. Cfr. can 1406 n. 7. Item huic professioni fidei addendum est, prout superius notavimus, *juramentum antimodernisticum*, usque dum hac super re Apostolica Sedes aliter statuerit.

VIII. DE ACCESSU AD PROVINCIALE CONCILIUM.—Ad Concilium Provinciale majores Superiores ordinum et Congregationum monasticarum intra limites Provinciae ecclesiasticae residentes invitandi sunt, debentque invitati adesse aut impedimentum quo detinentur Concilium notum facere; sed iis votum est dumtaxat consultivum (c. 286 par. 4), ideoque neque impedimentum probare tenentur nec procuratorem mittere permittuntur (can. 287 par. 1). Haec placita nostri juris frustra in antiqua quaerentur disciplina; ex consuetudine tamem generaliter recepta dicti Superiores invitari *poterant*, minime vero strictae obligationi interessendi nec suae absentiae rationem reddendi tenebantur. Cfr. Wernz, II, n. 855; A. S. S., 3, p. 310-314,

IX. DE ACCESSU AD DIOECESANAM SYNODUM.—Quoad participationem regularium in Synodo dioecesana antiquitus disputatum fuit utrum ad eam venire compelli possent, cum haec accessio, testante cl. Chokier, op. cit. p. 296, apud omnes fuerit signum subjectionis. Hinc exorta est dubitatio an Synodus, esset de *lege dioecesana*, an vero de *lege jurisdictionis*. (Conferantur quae de hac distinctione notavimus, in articulo secundo hujus thesis). Jure vero Codicem immediate praecedenti Synodo dioecesanae interesse debebant: a) regulares qui curam alicuius ecclesiae parochialis aut saecularis habebant, (Trid., c. 2 sess. 24 de Ref.), quam obligationem extendit Leo XIII (cit. Const. *Rom. Pont.*) ad regulares missionarios; item b) Superiores et Abbates regulares, qui generali Capitulo non subdebantur (S. C. C., 10 nov. 1604 ap. Ben. XIV, *de Syn.*, 3, 1, 8-9), ac tandem c) Superiores parvorum conventuum, sex minimum religiosos non capientium, qui suppressi fuerant per decretum Innocentii X, licet postea restituti (declar. S. C. C., 16 jun. 1703 ap. Ben. XIV, I. c., cap. 2, n. 1). Hi ultime recensiti ad Synodum accedere debebant in casu tantum quo Episcopus, uti Sedis Apostolicae delegatus, ad eam ipsos vocaret. Ceteri vero regulares eximebantur. Cfr. Mocch, III. n. 372 Nunc autun haec obligatio in Codice injungitur omnibus Abbatibus de regimine, licet curam animarum non exerceant et Abbatia sit associata Congregationi (1) et uni e Superioribus cujusque religionis clericalis, (ac proinde etiam ordinis) qui in dioecesi commorentur, a Superiore Provinciali designatus, nisi domus provincialis sit in dioecesi et Superior ipse Provincialis interesse maluerit (can. 358 par. 1, n. 8). *Parochi* vero ac *Vicarii* regulares quoad hoc aequiparantur ceteris parochis et vicariis, ideoque adesse tenentur *a)*, si sint vicarii foranei vel *b)* paro-

---

(1) Etenim de facto Capitulum generale Congregationis nullam veram potestatem exercet in Abbates et Abbatias, nam hujusmodi Congregationes monasticae, aliter ac ceteri ordines regulares, haud constituuntur forma hierarchica, idcirco potestas Abbatis localis, qui verus Superior major atque Ordinarius in jure vocatur (can. 488 n. 8, 198 par. 1), omnino praevalet nec aliam patitur superiorem potestatem habitualem, praeter supremam et hanc apprime limitibus circumscriptam (can. 501 par. 4). Cfr. *Comm. pro Rel.* jan. 1920, p. 32.

chi civitatis in qua Synodus celebratur vel demum *c*) electi fuerint ad Synodo interessendum a ceteris in vicariatu foraneo curam animarum actu habentibus (can. 358 par. 1, nn. 4, 6, 7). Facultas insuper Episcopis conceditur convocandi, si hoc opportunum judidaverint, omnes Superiores religiosos omnesque parochos propriae dioecesis; invitati autem jus sufragii in omnibus habent, perinde ac ceteri, nisi Episcopus in invitatione aliud expresse caverit (Ibid. par. 2). Denique iis qui ad Synodum venire debent, si legitimo impedimento detineantur, non licet mittere procuratorem, sed Episcopum de impedimento certiorem facere debent. Negligentes vero Episcopus potest iustis poenis compellere et punire, *nisi de religiosis exemptis agatur qui parochi non sint* (c. 359). Aliter accidebat jure praeterito, nam etiam Abbates et Superiores regulares subjacebant mulctae in Synodo adversus contumaces comminatae, excepta mulcta pecuniaria. Cfr. cit. decl. S. C. C., 16 jun. 1703,

## §. II. — Limitationes quoad moniales.

Ad moniales quod attinet, praeter jam recensitas subjectiones erga loci Ordinarium circa earum confessiones necnon quoad causas dimissionis professarum, praecipui casus quibus coarctatur illarum personalis exemptio versantur *a*) circa explorationem voluntatis puellarum ante habitus susceptionem ac professionem et *b*) quod spectat ad electionem Atistitae monasterii.

a). DE EXPLORATIONE VOLUNTATIS PUELLARUM. — Praeterito jure vi decreti Tridentini (c. 17 sess. 25 de Reg.), puella, quae habitum regularem suscipere voluerit, non ante eum suscipere poterat, nec postea ipsa vel alia professionem emittere, «quam exploraverit Episcopus, vel eo absente vel impedito ejus vicarius, aut aliquis eorum sumptibus ab eis deputatus, virginis voluntatem diligenter, an coacta, an seducta sit, an sciat quid agat... Cujus professionis tempus ne episcopus ignoret, teneatur praefecta monasterio eum ante mensem certiorem facere. Quod si praefecta certiorem episcopum non fecerit, quamdiu episcopo videbitur, ab officio suspensa sit». Postmodum declaravit S. Pius V (const. *Etsi Mendicantium*, an. 1567, Episcopo haud licere alias, praeter expressas a Tridentino, interrogationes facere, nec consequenter puellam iisdem respondere obstrictam esse. Cfr. Ferraris v. *Monialis*, art. I. nn. 69, 95. Praefatae explorationes juxta Tridentini decretum et declarationem S. C. Ep. et Reg., feb. 1753, bis fieri debebant scilicet, ante susceptionem tum habitus tum professionis; consuetudo tamen pluribus in locis invaluerat secundum quam unica vice, ante professionem nempe, interrogationes peragebantur. Ita Miranda, *de Monial.*, Q. 8, art. 4 ap. Reiffenst., lib. 8, tit. 31. Tandem Pius X decrevit ut etiam ante professionem sollemnem haec exploratio fieret (S. C. de Rel., 19 jan. 1909: A. A. S., I. p. 232).

Disciplina hodierna, quae continetur in can. 552, anteriorem perfecit atque complevit. Primo quidem injungitur Antistitae ut Ordinarium loci, duobus saltem mensibus ante, certiorem faciat de proxima admissione ad novitiatum et ad professionem tum temporariam tum perpetuam sive sollemnem sive simplicem. Ordinarius vero loci vel, eo absente aut impedito, sacerdos ab eodem deputatus, adspirantis voluntatem, *saltem triginta diebus* ante novitiatum et ante professionem, ut supra, diligenter et gratuito explorare debet, non tamen clausuram ingrediens, num ea coacta seductave sit, an sciat quid agat; et, si de pia ejus ac libera voluntate plane constiterit, tunc adspirans poterit ad novitiatum vel novitia ad professionem admitti. Ex quo infertur, jus et officium Ordinarii loci in monasteriis saltem ipsi non subjectis, quod attinet ad praefactam explorationem, limitari ad interrogationes taxative a Tridentino et a Codice propositas (cfr. Verm., *Summa*, n. 201); ac proinde nefas illi esse experimentum de puellae *idoneitate* perficere. «Haec enim inspectio, ait cl. Mocch., I. n. 501, de jure pertinet ad illum Superiorem, a quo novitia seu puella admittenda est tam ad habitum, quam ad professionem; et sic ad Superiorem regularem spectat, non vero ad Episcopum, cui in hoc casu exploratio dumtaxat voluntatis (an coacta, an seducta sit, an sciat quid agat) non autem idoneitatis a Tridentino (et nunc a Codice) commissa est». Notetur insuper praedictam voluntatis explorationem non posse Episcopum, postquam certioratus fuit, differre ultra triginta dies, antea vero ultra quindecim, ex praescripto Pii V (laud. const. ap. Ferraris, 1. c. nn. 69, 95); alias Superiores regulares, ipsis triginta diebus transanctis, possunt, eo inconsulto, ad receptionem et admissionem procedere, prout declaraverat praelaud. Pontifex in eadem constitutione, quae in hac materia legitimum constituit interpretationis criterium. Cfr. can. 6 nn. 2, 3. Quinimmo defectus explorationis voluntatis, etiam propter omissam Episcopi monitionem, non irritat receptionem vel professionem. (1) Graviter tamen illicita foret talis omissio, uti docent auctores (cfr. Mocch. n. 512) et infertur e sanctione poenali a Codice statuta in Antistitam contrafacientem, cujus commentarium inferius praebetur.

b.) De electione Antistitaé.—Subduntur quoque moniales exemptae Ordinario loci quoad electionem Antistitae monasterii, quatenus ipse tempestive moneri debet de die et hora electionis, cui potest una cum Superiore regulari per se ipse vel per alium assistere, et si assistat, praeesse (can. 506 par. 2). Huic novi juris dispositioni jam praecesserat constitutio Gregorii XV *Inscrutabili* supra citata. Episcopus vero itemque Superior regularis, qui electioni assistunt, nequeunt ingredi clausuram; quod jam praeceptum fuit a Tridentino, c. 7 sess. 25, ubi legitur: «...is qui electioni praeest... claustra monasterii non ingrediatur, sed ante cancellorum fenestellam vota singularum audiat vel accipiat.» Si loci Ordinarius invitatus assistat die et hora a Superiore regulari asignata, ipse est praeses ratione honoris et directionis; praeses vero effectivus ratione jurisdictionis, uti constat ex dicto can. 506 par. 2, est Praelatus regularis, ad quem spectat et sufragia recipere (cfr.

(1) Cfr. Fagnanus, lib I *Decr.*, c. 8, et Matteucci ap. Mocch,, 1. c., n. 512; Bouix. I, p. 653; Ferreres, *Theol. Mor.*, II, n 191, resp. 4.

S. C. Ep. et Reg. an. 1729 ap. Bizz. p. 358) et electionem confirmare. (1) Superiori insuper regulari competit, ut notavimus, designatio diei et horae electionis. Vide Ferreres, *Inst.* I. n. 812. Casu quo loci Ordinarius declaret velle se proprium jus assistendi atque electioni praesidendi exercere, exspectandus est usque ad assignatam horam, qua elapsa, electio fieri potest. Si vero ante tempus praevie assignatum electio verificetur, aut Ordinarius loci non fuerit legitime admonitus, potest ipse, in Superiorem vel Antistitam delinquentem animadvertere, juxta praescriptum can. 619, 2412 par. 2, de quibus alio in loco tractabimus; quinimo, juxta sententiam cl. Ferreres, 1, c., Ordinarius loci posset tunc electionem irritare, vel melius, ut puto, exigere ut a Praelato regulari irritam declaretur. Cfr. can. 162 par. 2.

Demum praetereunda non est declaratio quae super hac materia nuper edita fuit a Comm. ad can. Cod. interpretandos, dec. 1920: A. A. S., p. 575, ubi proposito dubio «utrum verba can. 506 par. 2: secus, Superior regularis; sed etiam hoc in casu Ordinarius tempestive moneri debet de die et hora electionis, cui potest una cum Superiore regulari per se ipse vel per alium assistere et, si assistat, praesse, ita intelligenda sint, ut Ordinarius loci possit (sed non debeat) assistere per se ipse vel per alium electioni Antistitae in monasteriis monialium Superioribus regularibus (etiam exemptis) subjectis, et praesse, *idest gubernare actum electionis* sive per se, sive per alium; an tantummodo per se ipse,» respondit: «Affirmative ad primam partem, negative ad secundam, *seu Ordinarium loci praeesse sive assistat per se ipse, sive per alium.*» Ex quo infertur non amplius sustineri posse interpretationem a cl. P. Blat (*De Pers.* p. 483) et post illum a P. Fanfani, n. 62, propositam, juxta quam facultas praeessendi deneganda est Ordinarii loci delegato, quia secus, ait laud. Blat, verba

(1) Cfr. Ferreres, *Inst.* I. n. 812; Biederlack-Fürich, op. cit., n. 34, 4; item resp. S. C. C. ad dubium V const. *Inscrutabili* ap. Ferraris, 1. c., n. 6 par. 5 et S. C. de Rel., 27 aug. 1910: A. A. S., II, p. 732.

canonis «si assistat» essent inutilia; sufficiens erit dicere: «potest una cum Superiore per se ipse vel per alium *assistere et praeesse.*» Notanda sunt insuper verba quae in citata declaratione sublineavimus, quibus Commissio Pontificia restrinxit suam decisionem ad unam tantum quaestionem de praesidatu loci Ordinarii «per se ipse vel per alium», quin aliam attingeret de *natura atque effectibus* hujus praesidatus. Quae igitur modo circa illam nataram et effectus disseruimus firma atque integra, non secus ac ante dictam declarationem, adhuc remanent.

## CAPUT IV.

### Exemptio localis

Cum exemptio passiva qua fruuntur regulares potissimum illis concessa sit ratione seu intuitu personarum, non autem territorii, prout accidit quoad Abbates ac Praelatos nullius, hinc fit ut eorum loca non constituant, proprie loquendo, territorium separatum a dioecesibus (cfr. Ben. XIV, *De Syn.* II, 11, 2); hinc etiam ut observat Aug. III, p. 336, explicatur quare noster Codex simpliciter dicat: «Regulares exempti sunt... *cum eorum domibus et ecclesiis* (c. 615)», non autem: «...*et eorum domus et ecclesiae*»; et haec tandem est ratio cur regularium subjectio erga locorum Ordinarios in iis, quae ad propria ipsorum loca se referunt, valde major ac strictior existat, quam circa jura atque immunitates quae personalem eorumdem exemptionem respiciunt, ut ex nunc dicendis patebit. (1) Haec tamen non ita stricte urgenda sunt, ut regularibus denegetur localis exemptio, sicut facit cl. Biederlack-Fürich, op. cit., nn. 149, 35, in quo ultimo numero asserit: «Territorium igitur, in quo conventus situs est, nullatenus immune existit a potestate Episcopi dioecesani...» Contrarium equidem apparet ex praescripto laud. can. 615, aliorumque novi Codicis canonum, quorum expositionem facere nunc aggredimur. Itaque breviter explanare hic intendimus mutuas ac juridicas relationes locorum Ordinarios inter ac regulares

(1) Alia veluti consequentia hujus amplioris potestatis Episcoporum in loca regularium proponitur a cl. Chokier, op. cit. pag. 400: «Etenim, inquit, dubitationem movet an ejusmodi personarum exemptarum aut locorum exemptorum judex cognoscere possit de delictis per subditos ordinarii in loco exempto commissis. Respondendum est negative. I, quia sicuti nulla dari potest exemptio ab omni superiore ne dentur Acephali, id est sine capite aut rectore ut sunt locustae, ita non potest dari subiectio, quae duos superiores in solidum recognoscat nec etiam consuetudine posset introduci, ut in eadem civitate vel dioecesi sint in solidum duo capita, quasi mystici corporis monstrum, quod fieret, si exemptorum locorum judex et loci personaeve ordinarius cognoscere possint de delicto per subditum suum in loco exempto commisso...»

exemptos, quod attinet praesertim ad erectionem monasteriorum atque ecclesiarum, sacrasque functiones in eisdem celebrandas, necnon circa administrationem bonorum, vigilantiam et visitationem episcopalem, observantian censurarum aliaque similia.

I. De erectione locorum ad regulares pértinentium.—1. Circa erectionem conventuum et ecclesiarum exstat can. 497, cujus prima paragraphus requirit consensum scriptis datum *Ordinarii loci*, praeter beneplacitum Apostolicum, ut erigatur domus regularis, sive formata (quae nempe retinet sex saltem religiosos quorum, si religio sit clericalis, ad minus quatuor sunt sacerdotes, c. 488, n. 5), sive non formata, tum virorum tum monialium. Quaestio fieri potest utrum consensus requisitus dari queat a Vicario Generali vel Capitulari; quod affirmandum videretur, cum Codex simpliciter exigat consensum *loci Ordinarii* nomine cujus veniunt et Vicarius Generalis et Capitularis. Nihilominus, quia erectio monasteriorum «negotium existimatur ex gravioribus et ex iis quae statum mutant dioecesis, prout loquitur cl. Verm. I. n. 104, ex priore capite, venia ista dari nequit a Vicario Generali sine speciali mandato: ita communis sententia, quae ex altero capite, etiam vetat ne concedatur a Vicario capitulari, *Ne sede vacante aliquid innovetur*, III, 8 in 6» (cfr. etiam can. 436 novi Codicis). Hanc argumentationem laud. auctoris, quod ad Vicarium capitularem attinet, vim nostro etiam jure adhuc habere deducitur ex praescripto cit. canonis et par. 3 can. 435, juxta quod: «Vicario Capitulari et Capitulo non licet agere quidquam quod vel dioecesi vel episcopalibus juribus praejudicium aliquod affere possit ...»; quod vero ad Vicarium Generalem, haud pari certitudine idem asserere audemus, quandoquidem illius potestas ipsiusmet Episcopi aequiperatur potestati, «exceptis (tantum) iis quae Episcopus sibi reservaverit, vel quae ex jure requirant speciale Episcopi mandatum (can. 368 par. 1)», quod sane non obtinet in praesenti casu.

Consensus Episcopi, et quidem scripto datus, requiritur sub poena nullitatis erectionis, ideoque domus erecta sine illius assensu nulla personalitate juridica in Ecclesia, nulloque monasterii privilegio fruitur (cfr. Verm. l. c. n. 106 et can. 100 par. 1). Si tamen erectio facta fuerit absque tali consensu, postea vero Episcopus eam ratam habuerit, hoc videtur sufficere ad sanandum pristinum defectum et domui tribuendam personalitatem juridicam, cum haec sint effectus proprii ratihabitionis. Audiatur ad rem S. P. Pius IX in ep. ad Archiep. Darboy (A. S. S. XI. p. 217): «Te minime latet hunc esse proprium naturalem et juridicum omnis ratihabitionis quae ex sequentibus factis oritur effectum, sanandi scilicet defectum illius actus qui recte praecedere debuisset...». Antiquitus Superiares qui sine praedicto consensu aedificare attentabant plectebantur privatione vocis activae et passivae necnon officiorum atque inhabilitatis ad illa in futurum obtinenda (const. *R. Pontifex* Urbani VIII, 28 aug. 1624), quae poena hodie sublata est. Abolita etiam fuerunt, vi laud. const., privilegia omnia erigendi conventus absque licentia Ordinarii loci. Cfr. Wernz, t. 3, n. 616. Haec tamen licentia, quae, juxta laud. Wernz, n. 617, convenienter petitur antequam ad Sedem Apostolicam recurratur, secundum plurium auctorum sententiam negari nequit ab Episcopo, nisi ex justa causa, quae, si existimetur non adesse, appellatio interjici potest ad S. Sedem, i. e., ad S. C. de Rel. Cfr. Bouix, I, p. 262; Verm. l. c. n. 107-8.

Quoad processum vero historicum circa necessitatem episcopalis consensus pro conventuum aedificatione, liceat in primis audire cl. Wernz l. c., cujus haec sunt verba: «Primis temporibus erectio conventus, cum esset institutio ordinis religiosi ad terminos dioecesis restrincta, facile facta est ex tacita quadam Episcopi approbatione atque cessantibus incommodis expressis legibus non fuit ordinanda. At cum ex arbitraria erectione et destructione monasteriorum per diversas dioeceses gravia damna orta essent, Concilium Calchedonense (an. 451) c. 4 prohibuit, ne quis construeret monasteria sine conscientia Episcopi, atque c.

24 statuit monasteria consilio Episcopi semel dedicata debere perpetuo manere nec posse ultra fieri habitacula saecularia. Quae lex de licentia Episcopi ad aedificandum monasterium deinceps a Conciliis particularibus repetita et inculcata constituit jus commune usque ad Bonifacium VIII, qui cap. unic. *de excess. Prael.* V. 6 in 6 (an. 1298) *omnibus mendicantibus* prohibuit sub poena nullitatis nova monasteria recipere vel recepta mutare vel alienare sine speciali et expressa *licentia Sedis Apostolicae.* Postea Conc. Trid. Sess. 25 c. 3 de Reg. solummodo commemorat *licentiam Episcopi loci;*.... immo Urbanus VIII, Const. *R. Pontifex*, 28 aug. 1624, speciatim revocavit omnia privilegia erigendi conventus *absque licentia Ordinarii loci*». (1) Quod autem spectat ad condiciones requisitas pro tali erectione, haec erant placita juris antiqui: Clemens VIII, Const. *Quoniam* par. 3, 23 jul. 1603, sic statuit: «Declaramus locorum Ordinarios non posse licentiam ad novos conventus cuiuscumque *mendicantium* ordinis, in civitatibus et locis eorum ordinariae jurisdictioni subjectis erigendos impertire, nisi vocatis et auditis aliorum in eisdem civitatibus et locis existentium conventuum prioribus seu procuratoribus, et aliis interesse habentibus....» (Apud Bouix, I. p. 265). Quod praescriptum confirmavit auxitque Gregorius XV, const. *Cum alias*, 17 aug. 1622 (ap. Bouix l. c.), prohibens ne ullibi novus conventus regularium *cuiuslibet ordinis et instituti* erigeretur, «nisi priores seu procuratores aliorum monasteriorum, conventuum seu domorum aliarum religionum...., non solum in praedictis, sed etiam in aliis per quatuor millia passuum circumvicinis locis, ad id vocati et auditi fuerint, *vel alias* Ordinariis locorum constiterit religiosos monosterii, conventus, seu domus regularis, sic erigendi seu erigendae, absque detrimento religiosorum, in monasteriis seu domibus ante in civitatibus seu locis hujusmodi erectis, degentium, ibi in numero duodecim commode et congrue manuteri et ali posse». Notetur

---

(1) Cfr. Bouix, I. p. 261; Blat. *De Pers.*, p. 471; Aug. III, p. 24.

per illam disjunctionem «vel alias» quam sublineavimus Pontifex liberum reliquit Episcopo, ut omitteret requirere assensum aliorum religiosorum, quando aliunde ipsi constiterit, posse novum conventum aedificari, sine detrimento eorum quorum intererat. Cfr. Bouix l. c. p. 266. Verm. l. c. n. 104. (1) Hodie vero, ad hoc ut Episcopus erectioni monasterii suum consensum praestare valeat, sufficit ut «judicari prudenter possit vel ex reditibus propriis vel ex consuetis eleemosynis vel alio modo congruae sodalium habitationi et sustentationi provisum iri» (c. 496). Quod idem valet pro *Monialium* conventibus erigendis, in quo actualis disciplina anteriori congruit, juxta veriorem saltem sententiam. Communiter enim tradebant auctores Episcopum non teneri in erectione monasterii monialium audire personas quarum intererat. (2) Etenim praedictae const. Clem. VIII et Gregorii XV de monialibus expresse haud loquebantur, erantque prout notat Bouix l. c., stricte interpretandae, utpote juris communis restrictivae. Tantum igitur subdebantur legi Trid. c. 3 sess. 25 de Reg., requirenti: a) ut non erigeretur conventus monialium nisi cum eo numero qui commode sustentari valeret. Hic notat cl. Wernz, III, n. 620, numerum *duodenarium* ex constanti praxi S. C. EE. et RR. stricte et absolute post Tridentinum fuisse requisitum. Cfr. Bizz. p. 548 sq., 650 sq., 691; Conc. Plen. Latino-Americ., n. 319. Item decrevit Trid. b) ut licentia Episcopi obtineretur. Quae condiciones hodiernis aequivallent requisitis.

2. In parag. 2 laud. can. 497 declaratur permissionem novae domus constituendae facultatem secumferre pro religionibus clericalibus habendi *ecclesiam vel publicum oratorium* domui adnexum, salvo praescripto par. 4 c. 1162, juxta quod necesearia est *nova* Ordinarii licentia ut aedifi-

(1) Ex ipsa gregoriana Const., in defecto aliorum religiosorum audiendus erat populus, saltem si novus conventus ab incolis loci alendus fuerit, scl. si ageretur de medicantibus. Disputabatur utrum parochus vocandus esset necne, quod certe ex jure scripto non constabat. Cfr. Bouix. l. c., p. 269 sq.

(2) Cfr. Ojetti, v. *Conventus*; Verm. I, n. 116; Bouix, p. 307.

cari possit *in certo ac determinato loco* dioecesis vel civitatis ecclesia vel oratorium publicum, cujus erectio jam concessa fuerat vi can. 497 par. 2 *in ipsa dioecesi vel civitate*. Cfr. Blat, *De Pers.* p. 471. Illa permissio includit insuper facultatem sacra ministeria peragendi, servatis de jure servandis scl. iis condicionibus ac requisitis de quibus in capitulo anteriori circa facultates ad concionandum et ad confessiones excipiendas, necnon circa functiones quae parochis reservantur (can. 462), inter quas notetur haud recenseri Benedictiones Cinerum, Palmarum et Candelarum nec facultatem parochis Ordinariisve fieri regularibus prohibendi quominus ante Missam paroecialem diebus festis Sacrum litent (S. C. R., 8 april. 1702, 21 id. 1635: *Decr. Auth.* n. 2098); tandem pro omnibus religiosis talis permissio importat etiam facultatam pia opera exercendi religionis propria, salvis condicionibus in ipsa permissione ap possitis (c. 496 par. 2). Jamvero circa praescriptiones in hac paragrapho contentas quaedam notanda sunt, et primo quidem illud requisitum de nova licentia pro ecclesiae regularis erectione. Ratio hujus invenitur in praescripto par. 3 cit. can. 1162, quo loci Ordinario, antequam consensum praebeat erectioni novae ecclesiae, injungitur obligatio audiendi vicinarum ecclesiarum rectores, quorum intersit ne illa ceteris jam existentibus detrimentum afferat, majore fidelium spirituali utilitate non compensatum, firmo praescripto can. 1676, juxta quod: «Qui ex aliquo novo opere damnum timet suae rei obventurum, potest illud judici nuntiare ut opus interrumpatur, donec utriusque partis jura, iudicis sententia, definiantur....».

Jure veteri, praeter consensum pro aedificatione monasterii, nulla diversa licentia requirebatur pro aperienda ecclesia vel oratorio monasterio conjuncto, utique tamen exigebatur pro aedificatione ecclesiae vel oratorii ab ipsa domo regulari separati. Nihilominus etiam in primo casu Episcopus justam ob causam licentiam restringere poterat ad solam monasterii aedificationem. (1) Condiciones ergo

(1) Cfr. Piat, II, p. 277; Verm. I, n. 104; Wernz, III, n. 430 nota 14.

requisitae in praefato can. 1162 par. 3, non pro erectione ecclesiae, sed potius pro fundatione conventus exigebantur.

Colligitur itaque posse Episcopum, ex justa et rationabili causa atque auditis omnibus interesse habentibus, aedificationi novae ecclesiae regularis *in certo ac determinato loco* resistere atque consensum denegare. Contra quam denegationem regulares psssent interjicere appellationem in devolutivo ad Sedem Apostolicam. Idcirco quamvis Codex admittat doctrinam olim communiter receptam nempe, veniam aperiendae ecclesiae ipsa licentia erigendi monasterium cui adnexa sit contineri, vult tamen ut seligatur locus aptus, qui ab Ordinario prudenter probari queat. «Qua licentiae necessitate, ait cl. Verm., *Summa*, n. 463, religiosi fere adigentur ut ipsum monasterium in loco qui Ordinario placeat aedificent.» Cujus ratio forte sit, quod nonnullae anterioris juris cautelae, ex. gr. servandae determinatae distantiae ab aliis conventibus, hodierno jure omissae sunt.

3. Addit laud. can. 497 par. 2: «salvis condicionibus in ipsa permissione appositis», ex quibus verbis infertur posse Episcopum quasdam condiciones in praebendo suo consensu apponere. Porro, istae condiciones seu limitationes nequeunt adversari juri communi, neque ideo detrimentum afferre facultati religionibus clericalibus in ipsa paragrapho concessae «sacra ministeria peragendi, servatis de jure servandis». At non videtur prohiberi, quominus in simplicibus ecclesiis vel oratoriis publicis limites quosdam constituat in sacris functionibus peragendis (1) Istae condiciones, observat cl. Blat, *De Pers.* p. 472, «debent justitiam continere ex circumstantiis, nec difficile reddere illorum operum exercitium, aliter namque frustraretur domus concessae finis.» Multo minus profecto adversari possunt exemptionibus jure vel privilegio obtentis; quod si talis condicio facultati aedificandi adjecta fuerit, veluti repug-

(1) S. C. R., 14 jun. 1845. n. 2901; Wernz, III. n. 430; cfr. etiam quae in aliis locis hujus thesis dicuntur circa praescriptum cc. 1171. 609 par. 3. 482, 686, &.

nans juri privilegiario exemptorum in favorem Sedis Apostolicae concesso, impossibilis censeri debet et haberi quasi facultati non adjecta; ideoque posteaquam domus hac condicione vitiata erecta fuerit, sarta et tecta maneat oportet religiosorum exemptio, nam, ut notat cl. Chokier, tom. II, P. 2, Q. 123, «factum legitime retractari non potest licet casus ille eveniat a quo incipere non poterat.»

4. Pro aedificandis et aperiendis *scholis, hospitiis vel similis rationis aedibus* separatis (idest, non sub eodem tecto) a domo religiosa etiam exempta, necessaria est (prout jam constituerat Leo XIII, cit. const. *Rom. Pont.*) et sufficit (quod non obtinebat juxta prael. const., specialem S. Sedis licentiam requirentem) Ordinarii loci spacialis scriptis data licentia (can. 497 par. 3). Nomine *scholae* veniunt cuiusvis generis collegia atque instituta educationis etiam pro ecclesiasticis alumnis, modo sint extranei seu non propriae religionis (cfr. Bondini, p. 48); per vocabulum vero *hospitii* significari possunt non solum hospitia proprie dicta, quae scilicet eriguntur in commodum religiosorum aliorumque itinerantium, vel eorum regularium qui frequentia negotiorum loca ista saepe petere coguntur, stabiliter tamen ibidem non commorantes: verum etiam rurales domus seu *villae* ad religiosorum sanitatem vel recreationem inservientes, necnon *granciae* ubi unus vel alter religiosus oeconomicas res procurare solet (cfr. Verm. I. n. 101; Aug. III, p. 91). Videtur tamen hunc canonem tantum referri ad hospitia *saecularia* seu quae eriguntur ad recipiendos hospites ac peregrinos propriae religioni extraneos; idem dicatur de aliis piis institutis, uti sunt hospitalia, orphanotrophia, etc., ad opera religionis vel caritatis sive spiritualis sive temporalis destinata, quae in Codice aequiperantur hospitiis per illa verba: «vel similis rationis aedes» (cfr. c. 1489 par.; Fanfani, n. 20). Ratio cur hanc interpretationem amplectamur sumitur ex ipsius canonis contextu. Etenim par. 3 ejusdem sic sonat: «Ut aedificentur et aperiantur *schola, hospitium et similis rationis aedes*...»; hisce autem ex verbis satis clare innuitur necessitatem praefatae licentiae restringi ad erectionem insti-

tutorum ubi religiosi officia caritatis sive spiritualis (educatio in scholis) sive corporalis (hospitalitas erga peregrinos, cura infirmorum), juxta fines suae institutionis exercent, nec comprehendi debere alia hospitia domusque rurales pro solis religiosis inservientes, quae potius considerantur veluti prolongationes ipsorum conventuum et nullimode accensendae sunt praedictis caritatis institutionibus. Probatur insuper ex argumento paritatis cum erectione scholarum pro alumnis tantum regularibus inservientium, pro qua erectione, etsi fiat separatim a domo regulari, nulla specialis licentia requiritur. Cfr. cit. const. *Rom. Pontif.* et Bondini, p. 48. Domus autem quae vocantur *residentiae*, sive sint independentes a monasterio seu collegio principali, uti accidit in O. F. M. (CC. GG. n. 313), sive tanquam domus subsicivae aliquo nexu ab illo dependeant, in veris conveutibus referendae sunt (Verm. I. n. 101). ideoque pro illarum erectione eaedem formalitates ac pro aliis conventibus aedificandis servari debent.

5. Denique, si constituta domus *in alios usus convertatur* oporteat, eaedem sollemnitates quae pro erectione requiruntur servandae sunt, nisi agatur de conversione ad solum regimen et disciplinam internam spectantem, ex. gr. si in domo jam erecta aperiatur Novitiatus vel Collegium studiorum pro solis alumnis religionis (c. 497 par. 1, cui congruit cit. const. Leonis XIII). Advertere expediet Codicem has formalitates exigere pro conversione dumtaxat finis vel usus institutae domus, non vero pro ejusdem reaedificatione vel amplificatione materiali, nec pro mutatione situs in eadem civitate vel oppido; neque, a fortiori, si sermo sit de recuperanda domo ex qua regulares injuste expulsi fuerant: in iis enim casibus, «nil omnino novum requiritur, cum nihil innovetur, nisi quod jam jure subsistit.» Ita Bondini, p 51.

II. De piis institutis regularium.—Nomine piorum institutorum hic veniunt hospitalia, orphanotrophia aliaque similia, de quibus in c 1489, quae possunt auctoritate Pontificis Summi sive Episcopi in personam juridicam constitui. Si haec instituta regularibus sint concreditae, jura quae circa illa Ordinario loci competunt, ad haec reducuntur: *a*) possunt ea *visitare*, prut inferius explanabimus; *b*) *episcopali vigilantiae* (non vero *jurisdictioni*) subsunt quod spectat ad religionis magisteria, honestatem morum, exercitationes pietatis, sacrorum administrationem, necnon quoad plenam observantiam piarum fidelium voluntatum in tabulis fundationis ejusmodi institutorum expressarum (can. 1491 par. 2, 1493); *c*) jus tandem est loci Ordinario *redditionem rationum* exigendi in omni casu (salvo peculiari in contrarium privilegio), ac proinde acceptari nequit fundatio huic juri repugnans (c. 1492 par. 1, 2). Quod jus loci Ordinario concessum jam invenitur a Trid., sess. 22 c. 9 de Ref., his verbis: «Administratores tam ecclesiastici quam laici.... quorumcumque piorum locorum singulis annis teneantur reddere rationem administrationis ordinario....» Haec tamen injunctio, juxta auctorum sententiam, regulares non comprehendebat; «ibidem, ait Reiffenstuel, l. 3, t. 36. n. 7, solum de Saecularibus, non de Regularibus loquitur (Concilium), prout declaravit S. C. ap. Fagnanum»

Supra notavimus haec pia instituta ad regulares pertinentia exemptione gaudere, vi c. 1491 par. 2, a jurisdictione episcopali, etiam quod spectat ad sacramentorum administrationem. Attamen, si ad ordinem laicalem pertineant et praecisione facta ab specialibus privilegiis (ex gr., quibus fruuntur FF. S. Joannis de Deo), jus et officium ultima ibidem sacramenta ministrandi «ad parochum loci vel ad cappellanum quem Ordinarius parocho suffecerit ad normam c. 464 par. 2» spectat (c. 514 par. 3). Funebria vero illorum qui in hospitali, etiam a regularibus administrato, decedunt, a parocho proprio vel loci, juxta normas cc. 1216-1218, persolvenda sunt, nisi constet de jure particulari aut privilegio (c. 1222); itemque depositio hujusmodi defunctorum, salvo jure electionis et praescriptis cc. 1228-9, in coemeterio paroeciali facienda est (c. 1231). Itaque mutata est quoad hoc antiqua disciplina, juxta quam exequiae illorum qui in hospitali exempto, jam ibidem acquisito domicilio, vitam finiebant, ad capellanum, non ad parochum, spectabant. Cfr. Cappello, *De Vis.* II, p. 225, 3. Non raro accidit ut rectores vel cappellani piorum locorum ab Ordinario loci parochialibus augeantur juribus (cfr. cit. c. 464 par. 2), quod communiter fit cum cappellanis ac religiosis rectoribus hospitalium. Hoc in casu parochus ibidem nec baptismum conferre nec Viaticum aut extremam unctionem ministrare potest, nisi, quod ad baptismi collationem attinet, in casu exceptionali, qui contemplatur in can. 775. Cfr. P. Stanislaus Woywood, O. F. M. in *The Homiletic and Past. Review* dec., 1920, p. 122. Quinimo, praedicti cappellani seu rectores, dummodo plenam obtinuerint potestatem parochialem, assistere valent absque parochi vel Ordinarii delegatione matrimoniis personarum sibi creditarum, in loco tamen ubi jurisdictionem exercent. Sic declaravit S. C. C., 1 feb. 1907: A. S. S., v. 41, p. 109-11, quae declaratio vim suam nunc etiam retinet, cum immutata maneat, juxta praescriptum c. 216 par. 4, condicio paroeciarum familiarium et personalium.

III. De oratoriis.—Ad erigenda *oratoria semipublica* in propriis regularium domibus atque ibidem Missae sacrificium omniaque alia divina officia functionesve ecclesiasticas quae rubricis haud repugnent celebrandandas sufficit licentia Superioris majoris (c. 1192-3). Hic namque verus est Ordinarius pro suis subditis, praedictaque facultas talem licentiam praebendi, ut constat ex dicto c. 1192, competit omnibus *Ordinariis*, non tantum Ordinario *loci*, ut falso supponit cl. Fanfani, n. 305 c).

Ante promulgationem Codicis jam poterant regulares sacerdotes, vi concessionis Gregorii XIII, 3 maii 1575 (ap. Ojetti, v. *Oratorium*), in favorem Societatis Jesu, et per communicationem ceterorum ordinum, in oratoriis et capellis suorum conventuum et collegiorum Missam licite celebrare absque Ordinarii loci licentia, et «quidquid nonnulli, ait Card. Gasparri ap. Ojetti, l. c., in contrarium senserint, putamus in iis oratoriis et extraneos regulares aut saeculares admitti posse ad Missae celebrationem, et plures missas eodem die posse celebrari, et omnes assistentes satisfacere praecepto». Quae omnia nequeunt hodie in dubium vocari, prout infertur ex praescripto canonum 1192-93, 1249; siquidem ejusmodi oratoria, etiam in collegiis et hospitiis regularium erecta atque a proprio Ordinario, qui in casu est Superior major (c. 198, cfr. Verm., *Summa*, n. 475), approbata, dici debent et vere sunt *oratoria semipublica* ad normam can. 1188 par. 2, n. 2, in quibus «omnia divina officia functionesve ecclesiasticae celebrari possunt, nisi obstent rubricae» (c. 1193; cfr. Mocch. III, n. 830 par. 3).

IV. DE MISSAE CELEBRATIONE EXTRA LOCUM SACRUM.—Superiores majores regularium facultate donantur concedendi licentiam ut in domo regulari Missa cebretur extra ecclesiam vel oratorium super petram sacram et decenti loco, nunquam autem in cubiculo, justa tantum ac rationabili de causa, in aliquo extraordinario casu et per modum actus (c. 822 par. 4). Hoc igitur canone extenditur ad Superiores regulares facultas quae loci Ordinario propria erat. Requiritur quidem casus extraordinarius et concessio fieri debet *per modum tantum actus* seu satis transiens, idest, uti explicat cl. Ferreres in suo opere hispanico *Derecho Sacramental*, n. 170, propter causam accidentalem non multum duraturam, et donec perduret, licet per aliquot menses subsistat. (1) Cfr. S. Alphonsum 1. 6, n. 359; Many, *De locis sacris*, n. 82. Causa debet esse *justa ac rationabilis*, ideoque sufficiens videtur ratio infirmitatis; ita laud. Ferreres, l. c., quae tamen satis non videtur cl. Verm., *Summa*, n. 318, 5, nisi simul accedat specialis dies, vel aliquid hujusmodi, cujus judicium Superiori relinquitur.

V. DE CONSECRATIONIBUS AC BENEDICTIONIBUS.—*a*) Consecratio *ecclesiae* vel *altaris* regularium, cum sit actus ordini episcopali soli adnexus, ad loci Ordinarium spectat

---

(1) «...por una causa accidental que se espera cesará pronto y mientras ésta dure, aunque se prolongue algunos meses.»

(c. 1155 par. 1), qui potest cuilibet ejusdem ritus Episcopo licentiam dare consecrationem peragendi (ib. par. 2). Excipitur casus in can. 1200 par. 1 contemplato, in quo nempe Ordinarius (apud regulares Superior major) potest permittere ut presbyter consecrationem *altaris*, quod eam amisserat per separationem mensae a stipite, rursus perficiat ritu formulaque breviore. Ad Episcopum loci spectat etiam consecratio *oratorii publici* (c. 1191 par. 2) vel *coemeterii* (c. 1205 par. 1) vel *campanarum* (c. 1169 par. 5) ad regulares pertinentium. Dubitatur utrum post Tridentinum adhuc vim retineret privilegium olim a regularibus obtentum, quo ipsorum ecclesiae, oratoria et coemeteria a quolibet Episcopo consecrari poterant, si dioecesanus Antistes ultra sex menses a petitione facta per Superiores regulares consecrationem distulerit. Cfr. Bondini, p. 111.

*b)* Jus vero benedicendi locum sacrum ipsorum regularium, uti ecclesias, oratoria vel sepulturas ad Superiorem Majorem spectat, qui potest ad hoc delegare alium sacerdotem (cc. 1156, 1191 par. 2, 1205 par. 1). De peracta benedictione statuitur in can. 1158 ut documentum redigatur, cujus alterum exemplar *in Curia episcopali*, alterum in ecclesiae archivo servetur. Hoc praescripto etiam regulares adstringuntur. Item majori Superiori competit benedictio ac impositio primarii ecclesiae lapidis, necnon campanarum benedictio (cc. 1163, 1169 par. 5), (1) ac denique reconciliatio, adhibita aqua ad hoc benedicta per ipsum Superiorem, ecclesiae, oratorii vel sepulturae, licet consecratae (cc. 1176 par. 2, 1177, 1191, 1207). Ad haec omnia delegare potest alium sacerdotem etiam, ut videtur, habitualiter. Cfr. Prümmer, p. 317. Per privilegium a Leone X concessum (2) jam antea poterant FF. Minores, aliique in

(1) Antiquitus Mendicantes unam tantum campanam habere poterant. De hoc scribebat laud. Chokier, p. 223: «Punit (Episcopus) exemptos qui excedunt numerum campanarum eis statutum a regula vel a iure, ut sunt mendicantes, qui debent contenti esse unica campana, quod tamen fallit in Praedicatoribus.... Ratio esi, quia effectus dicitur porrigi extra locum exemptum....».

(2) Const. *Religionis suadet*, 3 feb. 1514 ap. Reiffenstuel, III, tit. 40, n. 9.

eorum privilegiis communicantes, benedicere, *etiam per Superiores locales*, proprias ecclesias, coemeteria, capitula atque oratoria, eaque, licet consecrata, reconciliare. Hoc privilegium adhuc sustinetur vi c. 4. Benedictio autem paramentorum vasorum sacrorum caeteraeque supellectilis, vi juris communis antiqui ad solum Episcopum pertinebat; per laudatum tamen privilegium Leo X indulsit regularibus Praelatis ut possent «paramenta et ornamenta, ac alia quaecumque ad divinum cultum et usum vestrum necessaria, in quibus Chrisma non intervenit, pro vestro usu tantum, sollemni benedictione, ac etiam per alios deputandos in vestris Capitulis Generalibus benedicere ac reconciliare». Unde sequitur posse regulares Superiores benedicere nedum sacram supellectilem, verum etiam sacras imagines, Tabernaculum, Pyxidem, et generatim omnia, in quibus sacra Unctio non adhibetur. Cfr. decl. S. C. R., 17 maii 1760: *Decr. Auth.* n. 2457 et Mocch. III, nn. 924-5. Canon vero 1304, quin praejudicium afferat dicto privilegio, omnibus Superioribus religiosis facultatem impertit benedicendi Sacram supellectilem pro suis ecclesiis atque oratoriis necnon pro ecclesiis monialium sibi subjectarum.

Pariter competit Superiori majori religionis exemptae *sollemnis* benedictio imaginis publicae venerationi expositae: hanc benedictionem Superior cuilibet sacerdoti committere potest (c. 1279 par. 4; cfr. Verm., *Summa*, n. 503). Extra hos vero limites benedictiones a sacerdotibus regularibus impertitae illicitae sunt sed invalidae non videntur, ex principio can. 1147 (Verm. l. c., n. 510).

VI. De divino cultu.—Quod ad rem nostram spectat, haec sunt placita novi juris circa divinum cultum. *a)* In primis statuit can. 1259, par. 1 ut «orationes et pietatis exercitia ne permittantur in ecclessiis vel oratoriis, sine revisione et expressa Ordinarii loci licentia, qui in casibus difficilioribus rem totam Sedi Apostolicae subjiciat». Hoc praescriptum, quod etiam in ecclesiis et oratoriis regularium servari debet, non parva obscuritate laborat. En quomodo illud evolvit laud. Verm. *Summa*, n. 497: «....agi (in canone) arbitramur de ipsa forma precandi seu de formulis precatoriis et exercitiorum ordinatione. Si formula nondum sit approbata, si ordinatio extraordinaria seu nova fuerit (non itaque, salva nova Ordinarii praescriptione, si consueta ratione via crucis, novemdialis devotio, instituatur) expressa licentia Ordinarii loci obtinenda erit. Immo supponitur casus difficilior fieri posse ut ab ipso Ordinario solvatur, ita ut S. Sedi subjiciendus sit; nec pro *publica recitatione* Ordinarius novas litanias approbare potest. Huc itaque redit iste canon: Nihil recitetur nisi quod tunc vel olim expresse probatum fuerit; nihil insolitum fiat sine expressa Ordinarii licentia, qui majores cautiones praecipere potest».

*b)* Potestas insuper a Codice tribuitur Ordinariis locorum *leges statuendi ad meliorem observantiam eorum quae praescribuntur in can. 1261 par. 1* scilicet, ut sedulo serventur sacrorum canonum praescripta de divino cultu, et ad removendam quamcumque rem superstitiosam aut a fide alienam vel ab ecclesiastica traditione absonam vel turpis quaestus speciem praeseferentem in ecclesiis et oratoriis publicis etiam exemptorum, facta eidem Ordinario facultate praedictas ecclesias et oratoria *in hunc finem visitandi* (c. 1261 par. 2). *c*) Item subjiciuntur regulares loci Ordinario quod spectat ad necessitatem approbationis *pro exponendis in suis ecclesiis insolitis imaginibus* (c. 1279 par. 1); secus igitur, si praedictae imagines nullam praeseferant novitatem; quo vero ad *authentiam sacrarum reliquiarum*, publico cultu honorari possunt, dummodo authenticatae sint vel ab alio aliquo S. R. E. Cardinali, vel a loci Ordinario, vel ab alio viro ecclesiastico indulto apostolico ad hoc munito. Excluditur Vicarius generalis, nisi speciale mandatum obtineat (c. 1283). Judicium insuper Ordinarii loci praecedere debet ut publicae venerationi exponantur sacrae reliquiae, quarum authenticitatis documenta ob quemlibet casum interierint; reliquiae tamen antiquae in ea veneratione qua hactenus fuerunt, sunt retinendae, nisi certo de earumdem falsitate constet (c. 1285).

Praeterita legislatione jam praescripserat Conc. Trid. (sess. 25, *De Inv. Reliq. Sanct.*), ut a proprio Episcopo loci reliquiae authenticarentur, quod confirmavit S. C. Indulg., 16 dec. 1749: *Decr. Auth.* n. 183. Item in eodem decreto statuit ut ab Episcopo maxima cura ac diligentia adhiberetur «ut nihil inordinatum aut praepostere et tumultuarie accommodatum; nihil profanum nihilque inhonestum appareat.... nemini licere ullo in loco vel ecclesia, etiam quomodolibet exempta ullam insolitam ponere vel ponendam curare imaginem, nisi ab Episcopo approbata fuerit. nulla etiam admittenda esse nova miracula.... nisi eodem recognoscente et approbante Episcopo....» Tandem in decreto *De observ. et vitandis in celeb. Missae* (sess. 22), amplissimam Episcopis facultatem impertiit decernendi ac prohibendi, censuris ecclesiasticis aliisque poenis adhibitis, quaecumque ad decorem domus Dei divinumque cultum debite observandum spectantia, praeter ea quae expresse in eodem decreto exprimebantur. Nostro hodierno jure talis amplissima facultas loci Ordinario, saltem quoad exemptos, non conceditur; adest tomen praescriptum quoddam peculiare ad praecavendos atque vitandos, abusus, qui forte irrepserint in exemptorum domibus vel ecclesiis, ut statim videbimus.

VII. De abusibus qui irrepserint. — Coarctatur exemptio localis regularium in can. 617 par. 1, cujus tenor est: «Si in regularium.... domibus eorumve ecclesiis abusus irrepserint, et Superior monitus prospicere neglexerit, Ordinarius loci obligatione tenetur rem ad S. Apostolicam (scl. ad S. C. de Rel. vel per Secretariam Status) statim deferendi». Huic Codicis praescripto jam praeierat decisio S. C. Ep. et. Reg., 26 mart. 1897: A. S. S. v. 29, p. 683-89, quae proposito dubio: «Quomodo Episcopi se gerere debeant, si certi tutique sint, in aliquibus ecclesiis et conventibus, de quibus est verbum, non omnia recte ac ordine procedere» respondit: «Satis provisum per S. Conc. Trid.

sess. 25 de Reg. c. 14, si regulares delinquant extra claustra vel domum: si vero delinquant intra claustra, Episcopus moneat Superiorem regularem, et quatenus iste non provideat, recurrat ad S. C. Ep. et Reg». Haec tamen dispositio afficiebat tantum domus regulares non formatas in Italia ejusque insulis adjacentibus, pro quibus privilegium exemptionis, salva tamen subjectione quoad politiam et disciplinam ecclesiasticam, restitutum fuit per resp. S. Poenitentiariae diei 12 sep. 1872, prout declaravit eadem S. C. Ep. et Reg. ad dubium I laudatae causae. Observetur oportet, in hac nova Codicis praescriptione, quae parum consona ipsi naturae exemptionis videtur cl. Aug. III, p. 341, haud comprehendi, velut materia circa quam lex ista versatur, transgressiones singulorum regularium, quae *habitualem* legum ecclesiasticarum infractionem non important; siquidem, ut bene advertit cl. Bondini, p. 66, abusus, qui materiam hujus legis constituunt, sumi debent «pro habituali et gravi inobservantia legum ecclesiasticarum». (1) Non tamen requiritur, salva meliori sententia, ut praedicti abusus prodeant extra claustra cum scandalo populi.

VIII. De parvis domibus.—Domus non formata, in qua nimirum sex saltem religiosi, quorum, si religio sit clericalis, quatuor ad minus sint sacerdotes, non degunt, (c. 488 n. 5) manet sub *peculiari vigilantia* Ordinarii loci, qui, si abusus irrepserint, (sensu superius exposito) et simul fidelibus scandalo (notabili) fuerint, ipse per se potest interim (seu donec remedium per Superiorem majorem vel per Sedem Apostolicam apponatur), providere (c. 617 par. 2). Ex praescripto hujus canonis nunc certo constat omnes domus regulares non formatas potiri exemptionis privilegio, siquidem loci Ordinarius non veram jurisdictionis potestatem, sed quandam peculiarem vigilantiam supra illas exercere valet. Cfr. Blat, *De Pers.* p 604 et Bondini,

(1) Exceptio fieri debet, ut in sequenti capitulo exponemus, pro casu quo regularis in propria ecclesia apertis januis et cum scandalo populi delinquat.

pag. 68. Quod confirmatur ex praescripto c. 497 par. 1, sic ajentis: «Ad erigendam domum religiosam *exemptam sive formatam sive non formatam....*», ubi verbum illud *exemptam* pariter applicatur duobus aliis nempe, *formatam* et *non formatam*. Igitur, praeter casum in canone 617 par. 2 contemplatum de abusibus qui fidelibus scandalo notabili sint, nefas est loci Ordinario actus jurisdictionales, uti visitationem et correctionem, in praefatis domibus exercere. Etenim illa peculiaris vigilantia, de qua loquitur canon, nihil aliud esse potest, ut recte observat Bondini, l. c., nisi quod in ipso canone exprimitur, nempe: facultas Ordinarii interim providendi in casu notabilis scandali. Quae vigilantia dicitur *peculiaris*, juxta sententiam cl. Blat, l. c., relate ad modum quo exerceri potest, v. gr. si non per Episcopum ipsum sed per alium prudentem clericum habeatur.

Jus Codicem immediate praecedens circa parvas regularium domus continetur, prout superius notavimus, in cit. const. *Romanos Pontifices* Leonis XIII, in qua legimus: «Jure communi constitutum est, ut domus, quae sodales religiosos sex mininum non capiant, in potestate episcoporum esse omnino debeant». Excipiebantur tamen ab hac subjectione: *a*) *Residentiae missionariorum*, ex praescripto ejusdem constitutionis, quae paulatim uti diximus, lex communis evasit in omnibus locis Missionum, cfr. Mocch. III, n. 862; Verm. I. n. 363; *b*) in Italia ejusque insulis adjacentibus *Residentiae regularium dispersorum*, ut constat, ex decretis ac responsionibus S. Poenitentiariae, 18 april. 1867 et 12 sep. 1872, per quod ultimum revocata fuit quoad praedictas residentias const. *Ut in parvis*, 10 feb. 1654, Innocentii X, quae jus Episcopis contulerat visitandi ecclesias et domus ubi sex saltem religiosi probatae vitae non adessent; (1) immo *c*) *regulares dispersi in ceteris locis*, prout apparet ex decisione S. R. R. *in Mechoacan.*, 1, jun. 1911: A. A. S. III, p. 432. Caeteris re-

(1) Cfr. cit. decl. S C. Ep. et Reg. *in Nerinot*. 26 mart. 1897: A. S. S. 27. p. 110, Ibid., 29, p. 683-89: Ojetti, *De condition. ad exemp.*; Mocch. I, n. 280 sq.

gulares in parvis domibus commorantes minime fruebantur, prout hodie contingit, exemptionis privilegio.

IX. De obedientia loci Ordinario praestanda.— 1. Regulares obedientiam praestare tenentur loci Ordinario, qui, ob causam publicam, v. gr. festi extraordinarii, epidemiae, belli, etc., sonitum campanarum, preces aliquas (etiam in Missa), vel sacra sollemnia, puta recitationem vel cantum litaniarum, expositionem SS. Sacramenti vel etiam Missam sollemnem, indicat generali praecepto (c. 612), et hoc quanquam indictio nullam expressam mentionem de exemptis vel regularibus faciat, ut notat Blat, p. 598; salvis tamen, addit laud. canon, constitutionibus, quae forte contrarium cuiquam praedictorum statuant, et privilegiis suae cuiusque religionis, inter quae notetur illud a S. Pio V regularibus concessum (cit. const. *Etsi Mendicantium*), vi cujus et campanas pulsare et divina officia celebrare in propriis ecclesiis, prout magis opportunum judicaverint, possunt, quin ab Ordinariis prohibeantur. Cfr. A. S. S., v. 24, p. 558 et can. 1171, juxta quem regulares immunes evadunt a loci Ordinarii interventu *in determinando ordine ac tempore sacrorum rituum* in suis ecclesiis (sive istae adnexae sint domui regulari sive ab hac disjunctae), firmo tamen praescripto c. 609 par. 3, postmodum explanando. Non vero licet regularibus in Sabbato Sancto pulsare campanas ante pulsationem in ecclesia cathedrali vel matrice, uti saepius declaravit S. C. R., cujus decreta, vi can. 2, adhuc sustinentur. Liceret tamen, si adesset consuetudo legitima in contrarium, vel ecclesiae inter se multum distarent. Ita S. C. Ep. et Reg. ap. Ferraris, v. *Regulares*, art, I. n. 42.

Quod vero attinet ad preces recitandas in ecclesiis regularium, jure praeterito jam tenebantur exempti ad collectas ab Episcopo imperatas in missis recitandas, quin possent pro lubitu ab iis recitandis cessare, antequam Ordinarius id jusserit (S. C. R., 3 april. 1821: *Decr. Auth.* n. 2613), quod etiam nunc tenet. Ab hac injunctione non datur appellatio. Juxta Codicem vero regulares obligantur quoque ad alias preces in suis ecclesiis recitandas, quando Episcopus ex causa publica ita jusserit per *generale* praeceptum. Idem dicatur de sacris sollemnibus deque campanarum sonitu, quae omnia servari debent, ut dictum est, si indictio episcopalis *generalis* sit; non autem si pro solis regularibus haec praescriberentur. Cfr. Bondini, p. 57; Aug. III, p. 31, etc.

2. Regulares insuper stare debent Ordinarii loci judicio, *utrum celebratio divinorum officiorum in propriis ecclesiis catecheticae instructioni aut Evangelii explanationi in ecclesia paroeciali tradendae nocumentum afferat, necne* (c. 609 par. 3 et 482). Consequenter ad hoc praescriptum, quod fere novum est, videtur posse Episcopum in casu quo judicaverit tale nocumentum adesse regularibus interdicere divinorum officiorum, (Missis non exclusis, c. 2256 n. 1), celebrationem, durante tempore quo illa parochialis institutio tradatur. Non tamen hoc posse videtur, si in ipsis regularium ecclesiis talis instructio praebeatur, quia tunc finis legis sufficienter adimpletur. Nec fas esset Episcopo regularibus praecipere ne ante Missam paroecialem, vel tempore quo eadem celebratur, et ipsi litent; prouti jam declaraverat S. C. R., 21 april. 1635; 23 mart. 1641: *Decr. Auth.*, nn. 619, 620, 745, et confirmatur ex praescripto laud. can. 1171. (1)

X. De monialium clausura. — Quoad clausuram monialium Praelatis regularibus subjectarum haec sunt, breviter exposita, jura Ordinarii loci (2): *a*). Ad Episcopum spectat *clausurae fines accurate praescribere* aut legi-

---

(1) Cfr. Aug. III. p. 90; Bondini. p. 54; Piatus, II, P. 5, art. II, Q. 271.

(2) Notari oportet. in can. 597 par. 1 legem clausurae papalis imponi tantum domibus *regularium*; unde infertur, moniales. de quibus superius diximus, quarum vota ex instituto sunt quidem sollemnia, sed ex S. Sedis praescripto evadunt simplicia. huic legi minime astringi, utpote quae *regulares* non sunt. Cfr. dicta in § 2, art. I, can. III huius thesis. et c. 488 n. 7 coll. n. 2. Vid. etiam declar. Pontif. Comm. 1 mart. 1921: A. A. S., v. 13, p. 178, ubi ratio huius immunitatis potius tribuitur apostolico indulto adhuc in vigore manenti (cfr. S. C. Ep. et Reg. 1 aug. 1839; Bizz. p. 86).

timis de causis *mutare* (c. 597 par. 3), servato tamen praescripto par. 2 ejusdem can., quod fere congruit veteri disciplinae (cfr. Ojetti, v. *Clausura*, n. 1178); *b*) «Ordinario loci aut Superiori regulari monasterium visitantibus (de qua visitatione sermo erit inferius) vel aliis Visitatoribus ab ipsis delegatis, *licet clausuram ingredi dumtaxat inspectionis causa* (ideoque illa expleta iterum ingredi eis non licet), cautoque ut unus saltem clericus vel religiosus (licet conversus seu laicus, sed jam professus, cfr. 488 n. 7), vir maturae aetatis (40 annorum aetas certo sufficit, ita Blat, p. 588) eos comitetur» (c. 600 n. 1); *c*) *habitualis saltem licentia Ordinarii loci* ab Antistita monasterii impetrari debet ut medicis, aliisque quorum opera sit necessaria, *ingressum clausurae* permittat; si vero necessitas urgeat nec tempus suppetat licentiam petendi, haec jure praesumitur (Id. n. 4), «nisi de contrario quoad ingressurum constet (c. 1826), nam praesumptio debet cedere veritati» (Blat, l. c.); *d*) *quoad eggressum monialium a monasterio* in casu imminentis periculi mortis vel alius gravissimi mali standum est praescripto can. 601 par. 2, juxta quod periculum istud, si temqus suppetat, *scripto recognoscendum est a loci Ordinario*. Jure veteri jam praescripserat Trident., c. 5 sess. 25, ut nemini monialium liceret a monasterio exire, «nisi ex aliqua legitima causa ab Episcopo approbanda»; quas causas S. Pius V, const. *Decori*, 1 feb. 1570, ad tres reduxit nempe: magni incendii, leprae et epidemiae; quaeque tamen, non taxative sed demonstrative propositae communiter censebantur. Non vero interpretabantur a DD., prouti nunc oportet interpretari, de malo imminenti *singulis monialibus*, sed de illo tantum quod totam afficiebat communitatem, ut puta periculum magni scandali et perversionis sanctimonialium, quod sufficiens censebatur ad translationem decernendam monialis delinquentis ex uno ad aliud monasterium, «siquidem, ait Ben. XIV, l. 9, c. 15, VIII, morum corruptela epidemico morbo aequiperari potest». Quam translationem quidam contendebant in hisce casibus fieri posse solo Praelati regularis judicio, et imperio, non requisita, aut obtenta Episcopi licentia. Quod tamen, subdit laud. Pontifex, nullo pacto sustineri potest. In novo jure (c, 653) contemplatur casus non quidem translationis monialis de uno in aliud monasterium, sed potius expulsionis ejusdem in casu gravissimi scandali, quae fieri potest, ut supra notavimus, de sola auctoritate Praelati regularis, cui subjectum sit monasterium; *e)* clausura monialium, etiam exemptarum, *sub vigilantia est Ordinarii loci et Superioris regularis*, qui possunt, vi proprii officii ac proinde vera potestate ordinaria, moniales aut alios suos subditos (et loci Ordinarius etiam *regulares viros*) poenis quibuslibet tum vindicativis tum medicinalibus seu *censuris*, corrigere et coercere, si quid hac in re deliquerint (c. 603 par. 1, 2), et hoc quidem praeter poenam excommunicationis a jure statutam contra violantes praedictam clausuram. Etenim in can. 2342 nn. 1-3 renovatur excommunicatio latae sententiae R. Pontifici simpliciter reservata a Pio IX in sua const. *Apostolicae Sedis* 12 oct. 1869, prolata contra violantes monialium clausuram, sive illam ingrediendo sive alios introducendo aut admittendo, itemque contra moniales ab ea illegitime exeuntes. Clerici insuper (nec comprehendi debent *religiosi* qui in odiosis non veniunt nomine clericorum, D'Annibale, I. 88 ap. Ojetti, v. *Clerici*), juxta cit. canonem, suspendi debent ad tempus ab Ordinario definiendum. Praeterita legislatione Conc. Trid., sess. 25, c. 1 de Reg., renovans const. Bonif. VIII (in cap. *Periculoso* de statu Monachorum in 6°, exactam custodiam sanctimonialium clausurae Episcopis commisit, iisdemque praecepit ut «inobedientes atque contradictores, per censuras ecclesiasticas, aliasque poenas, quacumque appellatione postposita, compescerent.» Hanc sanctionem ampliavit Gregorius XV, cit. const. *Inscrutabili*, decernens, quoscumque regulares delinquentes in iis, quae respiciunt clausuram monialium etiam ipsismet regularibus subjectarum, aut personas intra monasterii septa degentes, corrigi et puniri posse ab Episcopo loci, *tamquam Apostolicae Sedis delegato*. «Cfr. Ben.

XIV, lib. 9, c. 15, VI. Tandem *f)* statuit c. 605 ut «omnes quibus est clausurae custodia sedulo advigilent ne, alienis invisentibus, inutili collocutione disciplina perturbetur et spiritus religiosus detrimentum patiatur». Nostro igitur jure, ut notat cl. Blat, p. 593, abrogata est strictior disciplina legum veterum de accessu ad monasteria monialium, ast specialiter quoad regulares. Etenim S. C. C. (11 maii 1669), approbante Clem. IX, declaravit regulares quoscumque, «absque legitima facultate (idest, absque expressa licentia non solum eorumdem Superioris, sed etiam Episcopi, prout sancivit Sixtus IV anno 1590) accedentes ad colloquendum, etiam per quodcumque modicum temporis spatium, cum monialibus, aut aliis intra clausuram degentibus, peccare mortaliter, eosque sub excommunicationis, privationis vocis activae, et passivae, aliisque contra regulares accedentes, sine licentia ad monasteria monialium statutis poenis posse ab Ordinario tanquam Sedis Apostolicae delegato coerceri». (ap. Ben. XIV l. c., VII). In aliquibus tamen regionibus, ex. gr. in ditione Hispanica, haec praescripta propter consuetudinem contrariam non urgebantur.

XI. De custodienda SS. Eucharistia deque ejusdem cultu.—*a)* In ecclesia adnexa domui regulari tum virorum tum mulierum *custodiri debet SS. Eucharistia*; ut vero possit asservari *in oratoriis collegiorum* quae a regularibus reguntur, requiritur et satis est licentia Ordinarii loci (c. 1265 par. 1 n. 1, 2). *In aliis ecclesiis vel oratoriis* ad regulares pertinentibus (nisi agatur de ecclesia paroeciali vel quasi-paroeciali) eam asservare non licet sine indulto apostolico; *in ecclesia tamen vel oratorio publico*, ex justa causa et per modum actus, seu satis transeunter, Ordinarius loci hoc permittere potest (Ibid. par. 2). Insuper, « revocato quolibet contrario privilegio (non tamen consuetudine, sive immemorabili sive ordinaria), in ipsa religiosa vel pia domo sanctissima Eucharistia custodiri nequit nisi in ecclesia vel in principali oratorio; nec apud moniales intra chorum vel septa monasterii»(c. 1267) Quibus praescriptionibus addenda est sequens declaratio circa sensum hujus canonis edita a *Pontoficia Comm. ad can Cod. interpretandos*, 2, 3 jun. 1918: «Sensus can. 1267 hic est. Si religiosa vel pia domus adnexam habeat publicam ecclesiam eaque utatur ad ordinaria et quotidiana pietatis exercitia explenda, SS. Sacramentum in ea tantum asservari potest; secus in oratorio principali eiusdem religiosae vel piae domus (sine praejudicio juris ecclesiae si quod habet); in eoque tantum, nisi in eodem meteriali aedificio sint distinctae ac separatae familiae, ita ut formaliter sint distinctae religiosae vel piae domus. «Igitur licet regularibus custodire SS. Eucharistiam et in propria ecclesia et in oratorio ubi quotidiana peragunt pietatis exrcitia.

Jus antiquum quoad hanc materiam aliquatenus strictius quam nostrum existebat. Praecipae differentiae inter utrumque sunt: *a*) juxta Trid. c. 10 sess. 25 de reg., nequibant regulares intra chorum vel septa monasterii SS. Eucharistiam asservare (cfr. Verm. I, n. 505 ). Hodie vero, ex cit. can. 1267, haec prohibitio monialium tantum respicit domos; *b*) neque amplius viget praescriptum Innocent. III (c. *Statuimus*, de cust. Euch., III, 44) confirmatum a S. C. Ep. et Reg.. 9 feb. 1751 ( ap, Lucidi, *De Visit*. t. 1, c. 1, n. 101) juxta quod si regularium ecclesiarum rectores deliquerint in praeceptum diligenter occludendi Tabernaculum et clavem custodiendi, Episcopus, cui tanti Sacramenti cura debet postisimum incumbere, contra illos procedere aeque ac Superior regularis, valebat. Ex jure namque hodierno locus tantum esse potest, saltem in domibus regularibus formatis, denuntiationi Sedi Apostolicae ab Episcopo faciendae, ad normam can. 617 superius enodati. Subduntur tamen regulares loci Ordinario in casu per can. 1269 par. 3 contemplato, quatenus nempe ejus approbatio obtinere debet ut possint ex gravi causa SS. Sacramentum *extra altare nocturno tempore in loco tutiore et decenti asservare*. Ejusdem Ordinarii permissio requirenda est ut, deficiente oleo olivarum ad lampadem coram Tabernaculo nutriendam, *aliis oleis* (non vero luce electrica) *commutare possint* (c. 1271, cui praeierat decr. S. R. C. 14 jul. 1864: *Decr. Auth.* n. 3121); item parere debent regulares instructionibus a loci Ordinario datis *circa renovationem hostiarum consecratarum* (c. 1272), in quo amplior facultas ipsi a Codice tribuitur quam jus vetus contulerat (cfr. dec. S. R. C., 12 sept. 1864, n. 3621.) B.) Quoad *expositionem Ven. Sacramenti*, si haec *publice* fiat, quod quidem monnisi ex justa et *gravi* causa praesertim publica fieri licet, requiritur consensus loci Ordinarii, excepta integra octava festi Corporis Christi, quibus diebus inter Missarum sollemnia et ad Vesperas in omnibus ecclesiis expositio publica fieri potest sine licentia Episcopi (c. 1274 par. 1) Hic canon refert antiquam disciplinam, licet non ex integro: jus namque vetus minime exigebat gravem causam pro publica expositione, sufficiens enim erat causa quaevis justa et publica. Immo, ut expositio fieret etiam saepe in ecclesiis vel oratoriis religiosarum, satis censebatur ratio devotionis sactimonialium. (1) Notetur oportet expositionem publicam, juxta definitionem laud. can., illam vocari quae fit cum *ostensorio*, secus, privatam apellari. Unde infertur amplius sustineri non posse sententiam cl. Ferraris, qui cum Bouix, II. p. 213 et Bucceroni, decretum S. R. C., 31 maii 1642, n. 800, quo declaratum fuit «non licere regularibus etiam in eorum propriis ecclesiis SS. Eucharistiae Sacramentum *palam* adorandum exponere, nisi ex causa publica quae probata sit ab Ordinario...», non interpretabantur de casu, quo pro solis religiosis et januis ecclesiae clausis eucharistia in throno exponeretur. Cfr. Wernz, III, n. 553, nota 235, qui hanc opinionem sua probabilitate non carere asserit. Ad *privatam* vero expositionem (cui non obstat, si sacra pyxis solummodo *in fine* expositionis e tabernaculo extrahatur, ut benedictio cum ss. sacramento dari possit, Wernz, l. c. not. 232), non requiritur licentia Episcopi. Tandem in supplicatione

(1) S. C. R. *in Presmil.*, 18 feb. 1889. n. 3703: cfr. Ojetti, v. *Expositio*, ubi multa afferuntur ad rem, et Maech. III. n. 830.

*Quadraginta Horarum* quotannis habenda in omnibus ecclesiis ubi habitualiter asservatur SS. Eucharistia, exquiri debet consensus loci Ordinarii *pro determinandis diebus* quibus peragatur (c. 1275). Hic notat laud. Bondini, p. 119, ea quae de modo exponendi SS. Sacramentum ab Episcopo praescripta forent, astringere etiam valere regularium ecclesias.

XII. DE ADMINISTRANDA SS. EUCHARISTIA ET EXTREMA UNCTIONE.— 1 Antiquo jure regulares jam privilegium obtinuerant ministrandi quotidie in suis ecclesiis sacram communionem, excepto die Paschatis (cfr. Ben. XIV, c. 16, n. 3) et Romae etiam feria V in Coena Domini; verum, suis semper eam ministrare poterant (cfr. Ojetti, v. *Euchar.*, n. 2038). Illae restrictiones post Codicen evanuerunt, si excipiatur prohibitio pro feria V Majoris Hebdomadae quae propter centenariam consuetudinem adhuc Romae viget, ut apparet ex praescripto Emi. Card. Vicarii post Codicem emanato (cfr. Bondini, p. 84). Antea pariter fideles nequibant praecepto paschali in ecclesiis regularium satisfacere. (1) Hodie vero tantum *suadetur* ut quisque fidelis in sua paroecia huic praecepto satisfaciat et, qui in *aliena paroecia* illud adimpleat, curet proprium parochum de adimpleto praecepto certiorem facere (c. 859 par. 3). Licet can de aliena paroecia tantum mentionem faciat, non apparet ratio, ut recte observat Bondini l. c., quare hoc ipsum fieri nequeat in ecclesia regulari.

2. Sacerdotes regulares indigent licentia saltem praesumpta parochi vel Ordinarii loci, si extra casum necessitatis *deffere velint sacram communionem ad infirmos publice*, vel *sanctum Viaticum etiam privatim* (c. 848 par. 2; 850 et 462 n. 2, 3), salvis tamen juribus Superiorum regularium, de quibus sermo fuit in praecedente capitulo. Indicium de sufficienti causa ad hoc ut sacra communio ad infirmos *privatim* deferatur, in can. 847 nemini reservatur; idesque cuilibet sacerdoti facultate

(1) Cfr. Ben. XIV, l. c.; Moech. II. n. 816.

donato ad eucharistiam deferendam illud facere licebit. Quod minime consonat veteri juri; siquidem privatim ss. eucharistiam ad aegrotos defferre tantum licebat ubi talis vigebat consuetudo, quae tamen regularibus non suffragabatur, si Episcopus illos excludere volebat. Cfr. Verm. I, n. 508. Notat cl. Bondini (p. 86), verba can. 850: «per modum Viatici» hic stricto sensu accipi oportere, idest, de sola communione quae *ex praecepto* sumi debet, juxta can. 864 par 1; «non vero de ulteriori sacra communione, quam per Viaticum infirmus licet et decet ut recipiat, perdurante sua infirmitate, secundum prudentis confessarii consilium, uti disponitur in eodem canone, par. 3.»

3. Quod vero attinet ad *extreman Unctionem ministrandam*, pariter requiritur licentia saltem praesumpta *parochi vel loci Ordinarii*, salvo jure Superiorum, ut supra. (1) Hinc apparet aliquando licite posse hoc sacramentum (vel etiam sacram communionem) infirmis ministrare invito parocho, dummodo rationabiliter praesumatur licentia Ordinarii loci. Cfr. Bondini, p. 97. Nostro jure sublata est excommunicatio R. Pontifici simpliciter reservata, qua plectebantur, juxta laud. Const. *Apostolicae Sedis*, religiosi praesumentes extra casum necessitatis clericis vel laicis Unctionem aut Viaticum ministrare, absque parochi licentia.

XIII. De processionibus.—Circa jura atque obligationes regularium quod attinet ad sacras processiones retinetur in Codice antiqua disciplina. (2) Itaque *a*) assistere tenentur processioni *die festo Corporis Christi* ab ecclesia *digniori* peragenda, regularibus exceptis qui in strictiore clausura perpetuo vivant, uti sunt Trappistae et Carthusiani, aut a civitate ultra tria millia passuum distent (c. 1291 par. 1). *b*) *Ordinariis item atque consuetis* processionibus, ex. gr. quae fiunt in litaniis Majoribus et diebus

(1) Can. 938 par. 2; cfr. C. I, *De priv. et excess. Prael.*, V. 7 in *Clem.*

(2) Conc. Trid., c. 13 sess. 25 de Reg.: S. C. R., 27 jul. 1628; S. C. C.. 4 dec. 1662 brevi Greg. XIII *Cum interdum*, 11 mar. 1573, etc..

Rogationum, (1) *necnon extraordinariis* seu quae ex publica causa ab Ordinario loci, audito Capitulo cathedrali, indicuntur, iidem regulares, ut supra, interesse tenentur (c. 1292). Aliis vero processionibus, v. gr., «pro bono exitu visitationis episcopalis» minime astringuntur adesse (Cfr. decl. S. C. C., 4 dec. 1662 ap. Mocch. III, n. 850). (2) Nec prohiberi possunt intra octavam Corporis Christi *proprias extra ecclesiae ambitum processiones agere*; sed ubi plures sunt ecclesiae, Ordinarii loci est dies, horas ac vias praestituere quibus suam quaeque processionem agant (c. 1291 par. 2). Ceteris temporibus nequeunt regulares extra suas ecclesias et claustra processiones ducere sine Ordinarii loci licentia (c. 1293). Igitur *intra ecclesiam et claustrum* eas peragere valent, dummodo non deferant SS. Sacramentum (cfr. c. 1274 par. 1); quod si ecclesia claustro careat, intra ejusdem dumtaxat ambitum, hoc est, «prope muros eclesiae» (S. R. C., 19 dec. 1671, nn. 1440 et 1096). Tandem commemoretur oportet privilegium olim PP. Dominicanis concessum et a Gregorio XIII brevi *Cum interdum* ad omnes regulares extensum, quo possunt agere processionem theophoricam die dominica infra octavan Corporis Christi, eamque celebrare hora qua voluerint et per vias semel tantummodo per ipsos eligendas «idque absque ulla Ordinariorum vel parochorum licentia» (cfr. A. A. S., v. II, p. 774-5). Quod tamen privilegium moderari nunc debet juxta praefatas normas c. 1291 par. 2.

XIV. De jure praecedentiae.—Controversias de praecedentia exhortas, etiam inter regulares, cum in processionibus tum in aliis functionibus, sed quando *collegialiter* cum aliis procedunt, Ordinarius loci *in casibus urgentioribus* componere debet, remota omni appellatione in sus-

(1) Apud Ferraris, v. *Processiones*, n. 14; cfr. etiam A. A. S., v. II, p. 517 sq..

(2) Plurimi regulares ex diversis privilegiis eximuntur ab obligatione interessendi publicis quoque processionibus. Inter hos privilegiatos numerantur fere omnes Clerici regulares, necnon religiosi in studiorum collegiis degentes. Cfr. A. A. S., v. II, p. 518.

pensivo, juxta normam c. 491 necnon c. 106 (id. n. 6 cui fere congruit Trid. c. 13 sess. 25; cfr. etiam Verm I, n. 527). Notetur in Codice houd amplius retineri antiquum jus, ex quo clerici regulares mendicantibus aliisve fratribus praecedebant (cfr. Ojetti, v. *Praecedentia*, n. 3236), ac proinde inter illos omnes servandum est praescriptum c. 106 n. 5. Advertere insuper juvabit clerum saecularem nostro jure praecedentiam supra regulares in istorum ecclesiis non habere (c. 491 par. 2). Ex quibus infertur pacificam quasi-possessionem praecedentiae, de qua in cit. n. 5 can. 106, quod spectat ad istas personas morales quae ante Codicem erant diversae speciei respectu praecedentiae, nunc vero post Codicem ejusdem speciei et gradus sunt, computari debere a tempore promulgationis Codicis. «Sane, ait P. Larraona (*Comm. pro Rel.*, mart, 1920 pag. 78 nota 3), personae quae ante Codicem superioris speciei erant, non quasi-possessionem sed verum jus absolutum praecedentiae, a possessione independens, habebant.»

XV. De facultate Episcopi pontificandi in ecclesiis regularium.—Jam jure antiquo cuique episcopo intra propriam dioecesim exercere pontificalia licebat etiam in ecclesiis exemptis et quomodolibet privilegiatis (1), at ea exercere in aliena dioecesi, sine expressa licentia Ordinarii loci, nullus Episcopus poterat; contrafacientes ipso jure suspensi erant ab exercitio Pontificalium (Trid. sess. 6 de ref., c. 3). Haec omnia valebant etiam, cum aliquibus tamen restrictionibus, in locis missionum (S. C. de Prop. Fide 14 aug. 1819). Hodie vero facultas pontificandi (scl. peragendi functiones sacras, quae ex legibus liturgicis requirunt baculum et mitram) in omnibus suae dioecesis ecclesiis, licet exemptis, competit Episcopo loci (c 337 par. 1, 2). Eadem facultate pollet Metropolita in omnibus ecclesiis dioecesium sufraganeorum, ubi intra Missarum sollemnia usus pallii eidem permittitur (c. 274 n. 6, 277). Vicarius Capitularis, si episcopali ornetur charactere, aequipa-

---

(1) Cfr. Ferraris. v. *Episcopus* art. 4. n. 19; Ojetti: v. *Pontificalia*.

ratur quoad hoc episcopo dioecesano (c. 435 par. 2). Alienus vero Episcopus, praeter consensum, qui nunc rationabiliter praesumptus esse potest, loci Ordinarii, in ecclesiis regularium indiget etiam Superioris regularis consensu, ut videtur, etiam saltem praesumpto (c. 337). Ex quo sequitur regulares superiores non posse extraneum Episcopum admittere ad pontificandum absque dicto consensu loci Ordinarii, nec e contra Ordinarium obligare posse regularibus ut recipiant ad pontificandum talem Episcopum extraneum. Si vero loci Ordinarius (vel Metropolita) nuntium regularibus remittat de sua pontificandi voluntate in istorum ecclesiis, eas concedere debent quoties illi placuerit; immo eidem thronum cum baldachino erigere tenetur, vel saltem permittere ut sumptibus Episcopi elevetur (cfr. c. 349 par. 2 n. 3). Hoc jam statuerat Clemens VIII per. decr. S. C. Ep. et Reg., 10 jun. 1603, uti legi potest ap. Ferraris, v. *Baldachinum*, n. 6, in quo sancierat ut, si regulares negligerent vel noluerint id facere «liceat eisdem Episcopis illud (baldachinum) asportari.... supra episcopale solium erigi facere....; eo dumtaxat tempore, quo Pontificales ejusmodi functiones exercebunt, vel dum actus ipse, cui in Pontificalibus aderunt, peragatur». Quae omnia valent etiam nostro hodierno jure.

Attamen notare juvat, praedicta Episcoporum jura, praesertim usus baldachini, non arguere jurisdictionem in exemptos, verum tantum significare debitam dignitati episcopali reverentiam et honorem. Compertum est enim regulares, non obstante sua exemptione, haud eximi, ut olim quidem putaverunt (cfr. Chokier, p. 314), a jure reverentiali erga Episcopum. Hoc deducitur ex praescripto cc. 329 par. 1, 347, necnon ex decisione S. C. R., 6 dec. 1613, n. 14, qua declaravit, Episcopo loci «in Choro, in Capitulo, in Processionibus, et in aliis actibus publicis primam Sedem et primum locum, quem ipse elegerit, dandum et concedendum esse....». Episcopus tamen, ut recte advertit cl. Piatus, II, P. 4, c. 3, Q. 82, exigere nequit ut «regulares ipsius Missae assistant, vel ei occurrant, seu obviam eant».

XVI. DE VISITATIONE EPISCOPALI.—Religiosos exemptos Episcopus visitare potest in casibus tantum in jure expressis (c. 344 par. 2), quos nunc explanare aggredimur. (1) Sed antequam ultra progrediamur notetur hoc jus Episcopi in regulares exerceri debere ad normam can. 343, seu in primis, vi proprii officii atque igitur potestate ordinaria, quam Vicario Generali aliive commitere potest, si tamen legitime fuerit impeditus. In casu vero gravis negligentiae ex parte Episcopi, posset Metropolita, obtenta prius Sedis Apostolicae approbatione, canonicam visitationem peragere. Cf. c. 274 n. 5. (2) *a)* Itaque loci Ordinarius (sensu mox explicato) «per se vel per alium quinto quoque anno visitare debet *monasteria monialium*, quae regularibus subduntur, *circa ea quae ad clausurae legem spectant* (ad quem finem singulas moniales separatim interrogare valet); imo *etiam circa alia omnia, si Superior regularis ea a quinque annis non visitaverit»;* (c. 512 par. 2 n. 1) quam visitationem Superior major, temporibus in propriis cons-

(1) Hic advertendum est, per terminum «regulares», quibus praecipue in hoc canone conceditur exemptio a visitatione Episcopi, in Codice designari religiosos qui in aliquo Ordine vota nuncuparunt, sive iste ordo sit clericalis sive sit laicalis (c. 488), paucis, omnes illi, quibus in can. 615 conceditur exemptionis privilegium. Ideoque minus accurate asserit cl. Verm., *Summa*. n. 223: «....in religionibus laicalibus, etiam exemptis, jus et officium est Episcopi in visitatione inquirere num disciplina ad constitutionum normam vigeat. num quid sana doctrina morumve probitas detrimenti ceperit.... (can 628)». In hoc enim can. agitur de religionibus *votorum simplicium*, quae, si juris pontificii sint et simul laicales, subjiciuntur praedictae episcopali visitationi. Cfr. can. 512 par. 2, n. 3.

(2) Administrator Apostolicus, sive permanenter constitutus sive ad tempus detus sit, hanc visitationem peragere valet (c. 315 par. 1, 2 n. 1). Idem dicendum videtur quoad Vicarium Capitularem (et consequenter etiam quoad Episcopum in casu de quo agit can. 430 par. 3 n. 1, necnon quoad Administratorem de quo in can. 431 par. 2), ut infertur ex praescripto can. 435. 512 par. 1; nam ipse est verus Ordinarius loci et nullibi potestas visitandi dioecesim eidem denegatur. Praeterito jure Vicarius Capitularis non poterat dioecesim visitare, nisi post annum a die ultimae visitationis a praemortuo episcopo factae. (Bened. XIV. *De Syn*. lib. 2, c. 9. n. 6; S. C. C., 13 sep. 1721). Metropolitae dioeceses sufraganeorum licebat visitare tantummodo ex causa in concilio provinciali cognita, dummodo tamen suam dioecesim jam plene visitaverit. Trid., sess. 24. c. 3 de Ref. Legislatio tandem quoad Episcopum et Vicarium Generalem parum a nostra differebat. Cfr. Ojetti, v. *Visitatio*.

titutionibus definitis, facere debet, per se, vel per alium, si fuerit legitime impeditus (c. 511). Nec excluditur ab ejusdem inspectione et visitatione ipsa monialium clausura, ut constat ex can. 603 par. 2.

*b)* Pariter idem Ordinarius visitare tenetur *parochos et vicarios regulares*, non secus ac parochos saeculares, quoad ea omnia quae ad regularem observantiam non pertinent (c. 631 par. 1). Igitur investigare etiam potest ea quae ad parochi mores et exemplarem vivendi rationem spectant, «proindeque ad Episcopi jus et officium pertinet, ea occasione examinare, an titulo legitimo parochus etiam regularis animarum curam exerceat, an residentiae lex ab eo observata fuerit atque observetur; an ad Synodum vocatus iverit; an cengregationes seu conferentias super casibus conscientiae haberi solitas frequentet; an onera, quae secum fert aminarum cura, adimpleverit.... denique an parochus apud se recte ordinatos retineat libros tum baptizatorum, tum sacro Chrismate confirmatorum, libros etiam matrimoniorum, et status animarum, (quibus addendus est nunc liber defunctorum c. 470 par. 1).... Licet Episcopo, vel potius ipsi specialiter incumbit ipsius parochi seu curati, etiam regularis, vitam ac mores scrutari, quatenus ea, quae extra claustrum prodierint, rectoris animarum exempla, plurimum conferre ad populi aedificationem vel contra eidem obesse maxime possunt....». (Const. *Firmandis*, Ben. VIV, 8 idus maii 1744 ap. Lucidi, III, p. 393-4, quae etiam hodie optimum constituit interpretationis criterium. Attamen sciri debet, juxta praescriptum can. 842, jus et officium advigilandi ut onera Missarum adimpleantur, in ecclesiis regularium, etiamsi paroeciales sint, vel non adnexae domui regulari (cfr. c. 479), ad Superiorem exemptum pertinere; cui pariter soli competit recognitio librorum, in quibus adnotantur, ad normam can. 843, Missarum receptarum numerus, intentio, eleemosyna atque celebratio. Quae omnia applicari quoque debent oneribus ex piis fundationibus provenientibus de quibus in can. 1544-51, ut constat ex can. 1550. Consequenter ad haec praescripta nefas est loci Ordinario praedictos libros, sive Missarum manualium, sive onerum perpetuorum aut temporarium, sivi in visitatione exhibendos exigere (cfr. A. O. Minor, an. 1904, p. 260).

c). Visitare quoque potest Ordinarius loci *omnes ecclesias atque oratoria publica ad reguleres pertinentia, ut certior fiat de observantia legum quae ad normam can. 1261 par. 2 ipse ferre potest ad meliorem observantiam eorum quae exprimuntur in par. I ejusdem canonis*, scl. ad removendum omne id, quod sanctitati ac decori cultus divini repugnat. Praeter haec vero fas non est Episcopo, in ecclesiis regularium quae parochiales non sunt, visitare sacristias, paramenta, vasa sacra, altaria vel loca ubi in eisdem ecclesiis asservatur SS. Eucharistiae Sacramentum, vel ubi audiuntur confessiones personarum saecularium. Probatur ex principio generali exemptionis ab episcopali visitatione, prout proponitur in cit. can. 344 par. 2, quod eas tantum exceptiones admittit quae in jure expressae inveniuntur. Jamvero nullibi in Codice hanc visitandi potestatem Ordinario loci conceditur in ecclesiis exemptis, praeter modo dictam de observantia legum episcopalium circa cultum divinum. Nec objici potest praescriptum par. 1 ejusdem can. 344, juxta quod «ordinariae episcopali visitationi obnoxiae sunt personae, res ac loca pia, quamvis exempta....»; siquidem, in par. 2, uti diximus, exceptio fit in favorem religiosorum exemptorum. Idem juris erat praeterita legislatione, quin obstaret decr. Trid., c. 8 sess. 7 de Ref., his verbis expressum: «Locorum Ordinarii ecclesias quascumque quomodolibet exemptas auctoritate apostolica singulis annis visitare teneantur.... privilegiis.... penitus exclusis». Haec enim dispositio, juxta communem auctorum sententiam, (cfr. Chokier, p. 211) (1) variis decisionibus SS. CC.

---

(1) Juxta cl. Cappello, *De Visit.*, II, p. 423, Episcopus visitare, poterat in ecclesiis regularium ea loca ubi asservatur SS. Euchiaristiae Sacramentum vel ubi audiuntur saecularium confessiones, quod «aperto liquet, aiebat, ex decretis S. R. C., 27 sep. 1659 et 20 jul. 1660 confirmatis ac approbatis ab Alexandro VII». Textus equidem adducti, meo saltem judicio, non evincunt prael. auctoris

roboratam, haud comprehendebat ecclesias regulares. Ita S. C. C., d. 12 feb. 1569, censuit «posse Episcopum visitare quascumque ecclasias *saeculares*, etiamsi ad regulares pertineant, *dum tamen per saeculares eis deserviatur*». Unde infertur Episcopum haud potuisse visitare ecclesias etiam saeculares, ad regulares pertinentes (de quibus sermo fuit in capitulo anteriori), quando per ipsos regulares administrabantur. A fortiori igitur haec hodie tenenda sunt, cum adsitt in Codice specialis exemptio a praefata visitatione, in favorem religiosorum exemptorum. Accedit alia ratio quod nempe, in contraria hypothesi, majorem a Codice potestatem Episcopus haberet in ecclesiis quibus animarum cura non imminet, quam in ipsis ecclesiis paroecialibus regularibus concreditis, quod profecto absonum videtur.

Quod vero spectat ad *paraeciales ecclesias* quae a regularibus administrantur, sive ad ipsos regulares pertineant sive eorum propriae non sint, haec dicenda videntur. Jure antiquo, vi decr. Trid., c. 11 sess. 25 de Reg., et laud. const. *Firmandis* Ben. XIV, in qua authentica illius decreti interpretatio tradebatur, jus erat Episcopo visitandi praedictas ecclesias, sed tantummodo quoad ea quae ministerium paroeciale respiciunt, videlicet: altare dumtaxat in quo SS. Eucharistiae Sacramentum asservatur, et consequenter sacrum ipsum tabernaculum; fontem baptisterii, confessionale parochi, pulpitum, sacrarium seu sacristiam, sepulchrum et coemeterium parochianorum (non aliud re-

---

assertum. Ideo cl. Lucidi, c. 4 par. 1. n. 92 cit. op., et Ferraris, v. *Regulares*, art. 2, n. 5 ad I, hanc potestatem Episcopis denegabant, innixi praesertim responsioni datae a S. C. C. cum approbatione Gregorii XV et Urbani VIII ad I dubium in calce cit. const. *Incrustabili* ej. Pontificis Gregorii XV. Quinimmo disciplina SS. CC. circa visitationem conventuum et ecclesiarum in *parvis domibus*, quae, uti superius diximus, antiquo jure plerumque Episcopis subjiciebantur, contraria fuit exercitio praefati juris episcoporum. Etenim S. C. C. in responsionibus ad episcoporum relationes, quod pertinet ad parvorum conventuum visitationem, «sollemne habet nullatenus urgere, ut hoc jus, quod ab omnibus ordinarie solet omitti, exercere studeant, dummodo peculiares circunstantiae aliter fortasse non suadeant». A. S. S., v. II, p. 155, ubi etiam exponitur resolutio S. C. Ep. et Reg. *in causa Tarvisinae*, 20 mart. 1857, qua eadem doctrina roboratur.

ligiosorum), turrim campanariam, dummodo essent campanae ad parochiam proprie spectantes, et tandem omnia vasa sacra. Jamvero, cum disciplina hodierna apprime congruat, ut supra vidimus, legislationi anteriori, quod attinet ad regulares parochos, nihilque circa visitationem istarum ecclesiarum in Codice expresse determinetur, norma sumi debet a legum praescriptis hucusque vigentibus (cfr. c. 6 et 20), atque ideo praefatae declarationes ac dispositiones Bened. XIV vim suam in nostro jure adhuc retinere dicendum putamus. Unde apparet simillimum esse jus Episcopi quoad visitationem istarum ecclesiarum ac respectu earum, quae pertinent ad Congregationes clericales juris pontificii exemptas, de quibus agit can. 512 par. 2 n. 2. Cfr. Aug. II, p. 372.

*d*). Fas est insuper Episcopo instituere visitationem *altarium, cappellarum atque oratoriorum pertinentium ad sodalitates* tertii ordinis saecularis, vel ad confraternitates et pias uniones saeculares, quae a regularibus administrantur; non vero in casu quo altare vel oratorium seu capella ad ipsos regulares pertineat. Constat ex cit. c. 344, cui praecesserat laud. const. *Inscrutabili* Gregorii XV. Attamen, ex eo quod facultas loci Ordinario tribuitur invisendi ea omnia quae in praedictis sodalitatibus ordinem materialem respiciunt (non vero ea quae ad internam disciplinam seu ad spiritualem associationis directionem se referunt, can. 690; cfr. Mocch. *Collectio indulgentiarum*, p. 806, III), liquet eum visitare posse sacellum sive altare, licet in ecclesia regularium erectum, «quoad administrationem et ceteras obligationes personales quas confraternitas et confratres habeant, ut inde appareat utrum pecuniae et acceptae a fidelibus eleemosynae rite in fines impendantur, ad quos ex statutis destinatae sunt; v. gr., in ornatum et conservationem cappellae, in cultus augmentum, in promovenda devotione, etc... Visitatio autem omnino omittenda est, si confraternitas in ecclesia regularium instituta prorsus bonis careat, nec eleemosynas admittat, nec quidquam administrationi suae commissum habeat.» Ita cl. Ferreres, *Institut.*, I, n. 964; vid etiam op. *Las Cofradias* ejusdem auctoris, nn. 206, 211. Idem juris fuisse praeterita legislatione constat ex repetitis decissionibus tum S.C.C. tum S. C. Ep. et Reg., ut videri potest in Bizzarri, p. 249, 251 et Bened. XIV, *Instit.*, 105, n. 87. Quod si ordo ipse regularis propriis expensis ad sacelli manutentionem provideat, illud Episcopus visitare nequit. Cfr. Ferreres, Las Cofradias, n. 210.

*e*). Visitat quoque Episcopus *scholas* quae ab exemptis regularibus reguntur, *in iis quae religiosam et moralem institutionem* respiciunt, exceptis scholis internis pro professis regularibus, quae omnimode exemptae manent ab episcopali visitatione (c. 1382). De hoc jure Episcopi jam locutus fuit S. P. Leo XIII, laud. const. *Rom. Pontifices*, in qua distinctio facta est inter scholas pauperum, quae *elementares*, etiam *primariae* puerorum nuncupantur et ceteras scholas et collegia «in quibus religiosi viri secundum ordinis sui praescripta juventuti catholicae instituendae operam dare solent.» Primae «tan in urbibus frequentissimis, verba sunt prael. Pontificis, quam in pagis exiguis inter opera contineri, quae ad rem dioecesanam maxime pertinent» ac proinde Episcopi illas visitare, non secus ac alias scholas saeculares, jure valebat. Pro alterius vero generis scholas et collegia voluit Pontifex ut «firma atque integra privilegia manerent, quae illis ab Apostolica Sede collata sunt.» In novo jure de hac distinctione scholarum, quod ad episcopalem visitationem spectat, nihil habetur; omnes namque huic visitationi subduntur. Visitatio tamen restringitur ad ea tantum quae religiosam et moralem institutionem spectant, et hoc quidem consequenter ad praescriptum can. 1381, cujus par. 2 sic statuit: «Ordinariis locorum jus et officium est vigilandi ne in quibusvis scholis sui territorii quidquam contra fidem vel bonos mores tradatur aut fiat.» Et in par. 3 dicitur: «Eisdem similiter jus est approbandi religionis magistros et libros; itemque, *religionis morumque causa*, exigendi ut tum magistri tum libri removeantur.» Quoad res vero aeconomicas et cetera hujusmodi quae ad religionis morumque causam non spectant, nihil Ordinarius cognoscere potest. Ceteroquin, privilegia de hac materia ordinibus regularibus concessa, etiam per communicationem (prout superius demonstravimus) suum legitimum valorem retinent, cum nulla derogatio istorum privilegiorum in jure exprimatur.

*f*). Denique jus et officium competit Episcopo visitandi *hospitalia*, *orphanotrophia*, *aliaque similia instituta* de quibus supra locuti sumus, etiamsi in personam moralem erecta sint et quovis modo exempta (c. 1491 par. 1); ideoque comprehenduntur pia instituta quae a regularibus administrantur, nisi speciale in contrarium adsit privilegium (cfr. c. 1492 par. 1). Praeterita legislatione idem obtinebat, saltem *per se* (1); per privilegium tamen saepe eximebantur a jurisdictione et visitatione Episcopi.

XVII. De bonorum administratione.—1. Quoad administrationem *bonorum temporalium* necnon *piarum fundationum* in propriis ecclesiis, *etiam paroecialibus*, sive adnexae sint sive disjunctae a domo religiosa, regulares viri plena immunitate fruuntur a jurisdictione et inspectione loci Ordinarii. Constat ex principio generali exemptionis (c. 615) et ex praescripto can. 532, 1550, qui agit de piis fundationibus, necnon 1519, ubi subtrahitur a *vigilantia* loci Ordinarii administratio bonorum, quae «ex ejus jurisdictione fuerint subducta». Haec immunitas, uti diximus, competit etiam ecclesiis a domo regulari separatis, de quibus in can. 479 sq. Nec objici potest in contrarium quod, juxta praescriptum c. 485, in ecclesia «quae nec paroecialis sit... nec adnexa domui communitatis religiosae, quae in eadem officia celebret» (c. 479 par. 1), illius rector «*sub auctoritate Ordinarii loci*, debet curare seu advigilare ut... bona rite administrentur...»; et similiter, juxta can. 1182 par. 3: «rector saecularis ecclesiae, sive saecularis is sit *sive religiosus*, debet... rationem loci Ordinario reddere»

(1) Cfr. Conc. Trid. sess 22, c. 8 de Ref.; Fagnanus, nn. 1. 2. *Hostiensis* n. 6.

de oblationibus factis ipsi *ecclesiae* (par. 2 ej. can.), ad normam can. 1525, qui statuit: «Reprobata contraria consuetudine, administratores tam ecclesiastici quam laici *cuiusvis ecclesiae*... singulis annis officio tenentur reddendi rationem administrationis Ordinario loci.» Haec enim praescripta ecclesias proprias regularium non concernunt. Hoc jam probavimus, quod ad praescriptum cit. can. 485 spectat, agentes de ecclesiarum rectoribus. Ad argumentum vero desumptum ex can. 1182, respondetur illum minime applicari ecclesiis propriis regularium, quamvis separatae exsistant a domo communitatis regularis, utpote quae exemptae manent, prout suo loco demonstratum fuit, ab Ordinario loci jurisdictione, nullaque exceptio huic exemptioni derogans in hoc canone continetur. Eadem denique ratione solvitur objectio ex can. 1525 deprompta: nempe, nomine «cuiusvis ecclesiae» non venit ecclesia pertinens ad regulares, quae eximitur ipso jure ab episcopali potestate; secus enim, et ipsae ecclesiae conventuales regularium hujus can. praescripto essent obnoxiae, quod sane nemo admittet. Exceptiones quidem dantur, quae pariter conveniunt ecclesiis adnexis et non adnexis exemptorum domibus. Prima est quae continetur in can. 533 par. 1 n. 4, par. 2, vi cujus pro collocatione pecuniae, necnon pro qualibet hujus collocationis mutatione, etiam regulares obtinere tenentur praevium consensum Ordinarii loci, si pecunia data sit paroeciae vel missioni, aut regularibus intuitu paroeciae vel missionis, sensu jam antea exposito. Altera exceptio exprimitur in can. 535 par. 3 n. 2, jus tribuens loci Ordinario cognoscendi de administratione fundorum legatorumque de quibus in cit. can. 533, si fundi nempe vel legata data sint regularibus intuitu paroeciae vel missionis aut ipsi paroeciae vel missioni. Nec inde liceat has exceptiones extendere ad fundationes quoque «ad Dei cultum beneficentiamve eo ipso loco impendendam» (c. 533 par. 1, n. 3), prout falso supponit cl. Fanfani, n. 134; nam praescriptum hujus can. ligat tantum Superiores domuum *Congregationis religiosae*, ut clarissime apparet ex ipsius canonis verbis; minime autem *superiores regulares*, exceptis Antistitis monialium, prout inferius dicemus. Ideo, observat cl. Biederlack-Fürich, p. 98, «jus illud quo Episcopi potuerunt visitare religiosos etiam ut delegati Sedis Apostolicae quoad pias fundationes et executionem ultimae voluntatis defunctorum (Conc. Trid., sess. 22 c. 8 et sess. 25 c. 8 de ref.) videtur respectu regularium restrictum ad fundationes intuitu paroeciae vel missionis factas.» Attamen quoad *bona fiduciaria* regulari commissa, praescribit c. 1516 par. 3 ut, si bona sint attributa loci seu dioecesis ecclesiis, incolis aut piis causis juvandis, Ordinarius cui regularis de sua fiducia certiorem reddere debet, indicans omnia istiusmodi bona seu mobilia seu immobilia cum oneribus adjunctis, et sub cujus auctoritate ac vigilantia collocatio bonorum atque executio piae voluntatis committitur, est loci Ordinarius; secus, est Superior major ipsius regularis.

2. Quod ad *moniales* attinet, Antistiae earum consensum obtinere tenentur loci Ordinarii pro *cuiusvis* pecuniae collocatione ipsiusque qualibet mutatione, accedere insuper debet consensus regularis Superioris cui monasterium de facto sit subjectum (c. 533 par. 1 n. 1; id par. 2). Item statuit, c. 535 par. 1, n. 1, ut in quolibet monialium monasterio etiam exempto *administrationis ratio*, gratis exigenda, reddatur semel in anno, aut etiam saepius si id in constitutionibus praescribatur, ab Antistita Ordinario loci, itemque Superiori regulari cui monasterium subjicitur; si ratio administrationis Ordinario non probetur, ipse Superiorem regularem, uti prospiciat monere debet; quod si Superior praemonitus opportuna remedia neglexerit adhibere, etiam removendo, si res postulet, oeconomam aliosque administratores, tunc loci Ordinarius per se consulere tenetur (Ibid. n. 2), eadem nempe remedia adhibendo, prout jam constituerat Gregorius XV in laud. cons. *Inscrutabili*.

Consensus etiam Ordinarii loci et Superioris regularis requiritur ut *dotes religiosarum*, ad normam can. 549, ab Antistita cum suo Consilio in tutis, licitis ac fructiferis nominibus collocentur; quae dotes ante religiosae obitum nullo modo nullaque de causa, ne ad aedificandam quidem domum aut ad aes alienum exstinguendum, impendi possunt. Ad perfectam vero observantiam hujus praescripti conditus est can, 550, cujus par. 2 statuit: «Ordinarii locorum conservandis religiosarum dotibus sedulo invigilent; et praesertim in sacra visitatione (eo quod etiam saepius hoc eis facere licet, juxta dicta ad can. 535 par. 1) de eisdem rationem exigant.

3. Tandem quoad *alienationem* bonorum, necnon quoad obligationes ac debita contrhenda, de quibus in can. 534, regulares viri plena immunitate fruuntur ab interventu loci Ordinarii; moniales e contra necesse est ut obtineant consensum, in scriptis praestitum, tum loci Ordinarii; tum Superioris regularis, praeter beneplacitum apostolicum; attento quod quaelibet obreptio vel subreptio quoad alia gravamina in precibus pro obtinendo consensu ad contrahenda debita vel obligationes (non vero ad alienationes), veniam obtentam nullam reddunt (Ibid. par. 2). Notari oportet, beneplacitum apostolicum requiri ad contractus validitatem tum alienationis tum debiti obligationisve, (quod quidem valet etiam pro regularibus viris) dum ceterae licentiae ad *solius alienationis validitatem* coarctantur, de qua tantum loquitur c. 1530 par. 1 n. 3, ubi posita est clausula irritans. Cfr. Blat, *De Pers.*, p. 511. In hoc puncto multum temperata est disciplina quam induxit Instructio *Inter ea*, S. C. de Rel., 30 jul. 1909: A. A. S. I, p. 695; nam «dum excommunicatio latae sententiae, ait cl. Verm., Summa, n. 194, eos manet qui beneplacitum apostolicum exquirere omittunt, poenae in ceteros alienantes praescriptae sunt ferendae sententia e (c. 2347). Neque peccatum regularis indebite munera ex bonis monasterii facientis jam S. Sedi reservatum est.»

XVIII. DE TRIBUTIS.—*a)* Domus regulares obnoxiae sunt tributo *pro Seminario dioecesano*, nisi ex solis eleemosynis vivant aut in eis collegium discentium vel docentium ad commune Ecclesiae bonum promovendum (quod late sumi debet, prout mox explanabimus) actu abeatur (c. 1356 par. 1). Idem ferme juris erat praeterita legislatione, uti apparet ex decr. Trid., c. 18 sess. 23 de ref., quod etiam exemit ab hoc tributo omnia monasteria ordinum mendicatium. Nunc vero, ex laud. can. praescripto, eximuntur: *a*) conventus incapaces possidendi bona in communi, aliique de facto nullis reditibus vel possessionibus gaudentes; *b*) monasteria quae scholas tam internas quam externas habeant ednexas; *c*) domus studentatus vel novitiatus; *d*) domus ubi habitat coetus religiosorum qui pro juventute educanda operam impendunt extra religiosam domum; tandem *e*) monasterium cui, deductis oneribus et expensis necessariis, non computatis fidelium oblationibus, nullus reditus supersit (cfr. cit. c. par. 3 et Fanfani, n. 274). *Paroeciae et quasi-paroeciae*, etiam Mendicantibus stricte dictis concreditae non eximuntur. Immo regulares parochi aliive ecclesiarum etiam exemptarum rectores (de quibus in can. 479 sq., non autem Superiores qui ecclesias domui regulari adnexas regunt, utpote qui, juxta definitionem ejusdem can. citati, in jure non veniunt nomine *rectorum*) obedire debent Episcopo praecipienti ut statis temporibus, in ecclesiis quas administrant pro Seminario stipem exquirant (c. 1355 n. 1). Denique hoc tributum debet esse generale eiusdemque proportionis pro omnibus (c. 1356 par, 2), atque imponi tantum potest ab Episcopo, et quidem in casu unico quo proprii reditus Seminario deficiant (c. 1355).

*b)* Facultas insuper conceditur locorum Ordinariis *imponendi pensiones beneficiis paroecialibus*, sed in commodum tantum parochi vel vicarii ejusdem paroeciae a munere abeuntis, et dummodo non excedant tertiam partem reditus paroeciae, quibusvis deductis expensis et incertis reditibus (c. 1429 par 2). Porro, hoc accidere potest, quod ad regulares spectat, in conversione paroeciae saecularis in regularem et vicissim. *c*) Praeter hanc pensionem beneficialem, jus inest eidem Ordinario, speciali dioecesis necessitate impellente, *omnibus beneficiariis*, etiam regularibus, *extraordinariam et moderatam exactionem* imponere (c. 1505); nullum vero tributum imponi potest super eleemosynis Missarum sive manualium sive fundatarum. Aliud tributum in bonum dioecesis vel pro patrono imponere ecclesiis, beneficiis aliisque institutis ecclesiasticis, Ordinarius potest tantummodo in actu fundationis vel consecrationis (c. 1506). Hoc locum habere potest quoad regulares, in actu fundationis locorum piorum, de quibus in can. 1489-94. Item, si regulares aliquod possideant beneficium saeculare (quod non raro contingit) vel quod initio saeculare extitit, si in ejusmodi fundationis actu Ordinarius illud tributo gravaverit, ad hanc exactionem subeundam et ipsi obligantur. *d*) Ab illo tandem tributo quod *cathedraticum seu synodaticum* vocant (c. 1504) omnino eximuntur regulares, nisi ecclesias vel beneficia administrent jurisdictioni Episcopi subjecta.

XIX. De sepulturis.—1. Regulares jure donantur *proprium coemeterium*, a communi coemeterio distinctum, possidendi (c. 1208 par. 2, cui congruit *Clem.* III, c. 2 *de sepult.*, 7), in quo, ex licentia scripta Superioris (a propriis constitutionibus definiendi, quin licentia Episcopi requiratur), fideles sibi suisque extruere possunt sepulchra particularia quae, de consensu ejusdem Superioris, possunt quoque alienare (c. 1209 par. 1). Immo omnibus licet, nisi expresse jure prohibeantur (qui tantum sunt impuberes et religiosi professi, exclusis episcopis, c 1224), eligere ecclesiam sui funeris aut coemeterium sepulturae (can. 1223 par. 1) in ecclesia regularium, non tamen monialium (nisi agatur de mulieribus quae famulatus, educationis, infirmitatis aut hospitii causa intra clausuram eiusdem monasterii non precario commorabantur). Can. 1225. Quoad alios vero qui in domo vel collegio regulari iisdem de causis commorabantur vel in Seminario a regularibus administrato degebant, standum est generalibus juris praescriptis (cfr. c. 1222), prout in anteriori capitulo exposuimus, egentes de jure funerandi in ecclesiis regularium.

Si electa fuerit sepultura in coemeterio regularium,

ut cadaver inibi sepeliri queant, requiritur et sufficit consensus Superioris regularis, ad normam constitutionum (c. 1228 par. 2). Attamen, juxta praescriptum can. 1227 electio nulla erit, si *ipsi regulares* «ad vovendum, jurandum vel fide interposita seu aliter promittendum inducant ut apud ipsorum ecclesias funus aut apud ipsorum coemeterium sepulturam eligant, vel factam electionem non immutent»; quae verba deprompta sunt ex decreto Bonifacii VIIII, c. 1. *de Sepult.* in 6. Clerici contra facientes tam saeculares quam regulares antiquitus plectebantur excomunicatione ipso facto incurrenda ac R. Pontifici reservata, praeter nullitatem electionis praedictis mediis obtentae (in *Clem. Cupientes*, 3 de poenis).

2. Quod vero attinet ad *portionem paroecialem seu quartam*, ut aiunt *funerariam*, parocho debitam quoties fidelis non funeratur in ecclesia paroeciali propria, haec notanda sunt. Jure veteri, extra Italiam ejusque insulas adjacentes, ubi sublata fuere per const. Bened. XIII cujus initium *Romanus Pontifex*, 26 april. 1725 (1) omnia privilegia regularium circa hanc materiam, ad solvendam praedictam portionem paroecialem, illi tantum conventus astringebantur, qui eam solvere consueverant cathedrali aut paroeciali ecclesiae «ante annos quadraginta ante ipsum Concilium (Tridentinum)»; ceteri conventus posthac aedificati eximebantur (Trid. c. 13 sess. 25 de Ref.) Ita Mocch. II, n. 1231 et Ferraris, l. c., n. 23. Verum, attendendum quoque erat ad legitimas consuetudines, quae maxime in materia funerum multum operabantur. Cfr. respons. S. C. Ep. et Reg., 19 jan. 1866: A. S. S. II, p. 159. Nostro hodierno jure lex hujusmodi solutionis omnibus applicatur, siquidem ait c. 1236 par. 1: «Salvo jure particulari, quoties fidelis non funeratur in ecclesia paroeciali propria, proprio defuncti parocho debetur portio paroecialis, excepto casu quo cadaver in ecclesiam propriae paroeciae commode asportari nequeat». Per illam tamen exceptionem «salvo jure particulari», sartae tectaeque manent consuetudines par-

(1) Eam videsis ap. Ferraris, v. *Quarta-Funeraria*, n. 25.

ticulares ab hac iniunctione eximentes, itemque, ut videtur, exemptio monasteriorum post Concilium Tridentinum aedificatorum; nam cit. decretum tridentinum verum *jus particulare* dici debet, utpote quod *partem tantum Ecclesiae*, regulares nempe, respiciebat (1). Neque obstat illam divisionem juris aliam quoque diversam habere significationem, ita ut per *jus particulare* intelligatur etiam illud quod viget in aliquo territorio limitato ac determinato (2); cum enim Codex nullibi definitionem praebeat ejusmodi divisionis juris, stare debemus auctorum explanationibus. Sustinere ergo licet regulares qui post Tridentinum eximebantur a praefata solutione, immunes quoque post Codicis vigorem ab illa remanere.

Notetur denique parochum haud posse, excepta justa et gravi causa ab Ordinario loci approbanda, regulares prihibere ab interessendo deductioni cadaverum ad ecclesiam funeris et ad sepulturam, vel funeri assistendo, si familia vel heredes eos advocare velint (c. 1233 par. 1).

XX. DE OBSERVANTIA INTERDICTI EPISCOPALIS.--In hujus quaestionis antecessu advertere juvabit hic minime agi de interdicto locali ab Episcopo lato in ipsas ecclesias regulares (de hoc enim sermo erit in sequenti capitulo); loquimur tantum de episcopali interdicto sive generali in paroeciam sive particulari in ecclesiam vel locum ad regulares non pertinentem. In primo casu seu quando interdictum fertur in territorium alicuius paroeciae (interdictum locale generale), illud servari debet a regularibus, nisi *speciale* privilegium in contrarium habeant (c. 2669), et hoc quidem etiam in propriis ecclesiis intra territorium interdictum sitis; sed cum temperamentis allatis in can. 2270-71,

---

(1) Ait enim cl. Maroto in suo op. *Instituciones de Derecho Can.*, tom. 1, n. 24; «El primero (Derecho universal, general o común) se extiende a toda la Iglesia, el segundo (*derecho particular*, especial o singular) a parte de ella».

(2) «Mas en razon a que el ambito o extensión (del Derecho) puede entenderse y distinguirse de muchas maneras, otros proponen como más aceptable la siguiente división: Derecho.... *particular*, el que rige en algún territorio limitado y determinado....» Maroto, l. c.

2276, quae congruunt decret. «Alma Mater», c. 24 *de sententia excom.* in 6 (1) In altero casu seu quoad interdictum particulare ab Episcopo latum in aliquem locum vel ecclesiam non regularem, ipsi stare debent praescriptis generalibus can. 2270-73. Notetur etiam praescriptum can. 2277, juxta quod, necesse non est expellere ab ecclesia personam interdictam ab ingressu ejusdem, nec oportet ut, si ipsa ibidem vel in alio sacro loco sepeliatur, ejusdem cadaver amoveatur.

Praeterito jure jam Clemens V (*Clem. I de sent. excom.*) districte praeceperat «quatenus religiosi quicumque tam exempti quam non exempti, cuiuscumque ordinis et condicionis existant, cum Cathedralem vel Matricem, seu Paroecialem loci Ecclesiam illa (interdicta) viderint, aut sciverint observare (non obstantibus quibuscumque appellationibus....) absque dolo et fraude, cum moderatione tamen decretalis Alma, inviolabiliter conservent. Alioquin non servantes, excommunicationis sententiae, hoc ipsos volumus subjacere». Hac excommunicatione hodie plectuntur illi tantum qui ausi fuerint mandare seu cogere tradi ecclesiasticae sepulturae interdictos per sententiam declaratioram vel condemnatoriam (aut etiam excommunicatos post sententiam declaratoriam vel condemnatoriam, infideles, apostatas a fide, haereticos vel schismaticos). C. 2339. Qui vero sponte sepulturam eisdem donant, interdictum ab ingressu ecclesiae Ordinario (proprio) reservatum incurrunt (id.). Denique illi qui scienter admittunt ad celebranda officia divina per censuram vetita clericos interdictos (aut excommunicatos vel suspensos) post sententiam declaratoriam vel condemnatoriam, interdictum ab ingressu ecclesiae ipso jure contrahunt, donec, arbitrio eius cuius sententiam contempserunt, congruenter satisfecerint (c. 2338 par. 3). Igitur, si regulares ad divina officia vetita clericos

(1) Cfr. Pint. tom II, p. 264. Fratres Minores per privilegium illis concessum ab Honorio III, 29 mart. 2521, *Bull. Franc.*, I. p. 9, jam poterant tempore interdicti divina officia celebrare in suis ecclesiis «clausis januis, excommunicatis et interdictis exclusis ac submissâ voce».

ob Ordinario loci censuratos celebranda admittant, huic poenae subjiciuntur, donec, arbitrio eiusdem Ordinarii, convenienter satisfecerint. Idem dicatur in casu quo censuratus ab Episcopo sit ipse regularis, ot a suo Superiore vel ab aliis ad divina officia ipsi vetita admittatur. Divina autem officia dicuntur functiones potestatis ordinis, quae de instituto Christi vel Ecclesiae ad divinum cultum ordinantur et a solis clericis fieri queunt (c. 2256 n. 1). Ab eisdem celebrandis prohibentur excommunicati omnes et personaliter interdicti, cum moderatione tamen cc. 2261, 2275; suspensi vero, secundum speciem incursae suspensionis, excluduntur partialiter vel totaliter, aut non excluduntur a participatione divinorum juxta normas can. 2284, 2279.

## CAPUT V.

## De jurisdictione voluntaria et potestate coactiva episcopi in regulares.

### ARTICULUS I

#### De jurisdictione voluntaria.

Quoad exercitium jurisdictionis voluntariae episcoporum in regulares haec sunt dicenda. Non raro accidit, prouti jam ex superius delibatis conspici potuit, ut, ita disponente jure, exempti subjaceant loci Ordinario in actibus voluntariae jurisdictionis; quod praesertim locum habet in iis rebus, quae ordinis episcopalis esse perhibentur, uti est Chrisma, oleum sacrum, Consecrationes locorum, ordinationes et similia, quae exempti ab episcopo postulare tenentur. (1) In hoc tamen articulo agere unice intendimus de illa specie voluntariae jurisdictionis quae gratiis et favoribus concessis exercetur, unde etiam «gratiosa» vocari solet. (2) Iamvero, quia regulares jurisdictioni episcopali non subjiciuntur, immo fictione juris extra dioecesim constituti censentur (cfr. cit. const. *Romonos Pontifices* et Vermeersch, I, n. 382), cumque, ex alia parte, jurisdictionalis potestas, etiam voluntaria, nonnisi in subditos exerceri possit, juxta praescriptum can. 201 par. 1, ideo apparet necessitas specialis concessionis aut saltem declarationis, cuius vi exempti religiosi frui valeant gratiis atque indultis, quae locorum Ordinarii propriis subditis elargiuntur. Attamen eo quod permultis in casibus regulares, non obstante sua exemptione, episcopali subjacent potestati, aequum atque opportunum videtur ut episcopalium pariter gratiarum et indultorum participes fiant. Quod sane consequitur ad regulam 61, de regu-

---

(1) Quod exempti dioecesano subjacerent in actibus voluntariae jurisdictionis jam olim sentiebant quidam auctores, inter quos «Hostiensis quem refert Joannes Andreas.... nisi tamen per actum volvntarium fieret praejudicium privilegio seu S. Sedi. aut nisi actus vo'untarius seu factum jurisdictioni eius non subjaceat» (Chokier, p. 324).

(2) Ffr. Ferreres, *Theol.*, II, n. 644; Maroto, *Inst.*, II, n. 724, 2.

lis juris in 6: «Quod ob gratiam alicuius conceditur, non est in eius dispendium retorquendum»; quapropter, «etsi exempti a jurisdictione Episcopi, hunc favorem non amittunt,» (Ojetti. v. *indulgentia*).

I. DE INDULGENTIIS LUCRANDIS.—In primis igitur regulares *lucrare possunt indulgentias* ab Ordinariis locorum concessas, nisi aliud ex concessionis tenore appareat (c. 927), prouti jam antea passim docebant auctores. Cfr., ex. gr. Ojetti et Verm., l. c., Chokier, p. 344.

II. QUOAD SUSCEPTIONEM ORDINUM.—Item, Episcopi facultate praediti *dispensandi super defectu unius anni ad sacerdotium* (si alicubi nunc hoc gaudeant privilegio), hanc facultatem erga regulares exercere possunt (cfr. Verm., II, p. 655). Idem dicatur quoad *dispensationen ab interstitiis*, sive haec facultas exerceatur intra limites juris communis (c. 978) seu vigore alicuius peculiaris indulti. Cfr. Cappello, *De Visit.*, II, p, 415. Circa *irregularitates* notetur opportet ordinariam potestatem dispensandi ab irregularitatibus *ex defectu* vel *impedimentis* nemini in Codice concedi, fortasse, ut censet cl. Verm., *Summa*, n. 408, 2, quia necessaria non videtur: «Episcopi enim ex facultatibus quinquennalibus, Ordinarii religiosorum ex privilegiis sufficienti gaudent potestate, ut casibus *dubiis* vel *urgentibus* possint providere (cfr. etiam can. 81)» Quin immo ex diversis privilegiis Praelati regulares in qualibet istarum irregularitatum dispensare valent suos subditos, si excipiantur: *a)* quae proveniunt ex aliquo *enormi corporis, vel etiam animi vitio et defectu*, ex quo fideles possent scandalum sumere; *b) bigamia*, prouti communiter tradunt auctores; *c) defectus aetatis*, vi prohibitionis Trid., sess 23, c. 2 de Ref.; denique *d) defectus natalium*, sed haec tantum *quoad dignitates assequendas*, et salvo speciali privilegio alicui ordini concesso. Cfr. const. *Circumspecta* Greg. XIV ap. Piatus, I, P. 4, c. 2, Q. 6, ubi late de hoc disserit argumento. Quod vero attinet ad irregularitates omnes *ex delicto occulto* provenientibus, exceptis iis, quae ex homicidio vel abortu voluntario proveniunt vel deducta fuerint ad forum judiciale, conceditur ipso jure Praelatis regularibus facultas ab illis proprios subditos dispensandi (c. 990 par. 1), quam antea per privilegium jam obtinuerant. (1) Tandem confessarii regulares vi privilegii a Sixto IV Minimis directe concessi, dispensare valent suos poenitentes, in omnibus irregularitatibus in quibus Episcopus proprios subditos dispensare potest. Cfr. Blat. *de Rebus*, P. I, p. 456.

III. De indultorum participatione.—Per indultum ab Ordinario loci legitime concessum, *obligatio legis communis* cessat quoque pro religiosis omnibus in dioecesi commorantibus (quacumque ex causa), salvis votis et constitutionibus propriis cuiusvis religionis (c. 620). Ante Codicis vigorem, quod spectat ad *indulta jejunii et abstinentiae* quae concedi poterant ab Ordinariis locorum qua S. Sedis delegatis, jam declaraverat S. U. Inq. regulares in ipsis comprehendi, minime obstante quod de illis nullam praefata indulta mentionem facerent, excepto casu quo speciali voto ad jejunium vel abstinentiam obstricti forent, sicut accidit in ordine Minimorum. Ita constat ex decreto de die 20 jan. 1892, in quo laud. Tribunal declaravit absque ulla distinctione regulares frui posse indulto ab Episcopo Parmensi publicato publicae valetudinis causa, seu occassione epidemiae quae «*influenza*» vocatur; unde inferebatur ut etiam Franciscales eo uti poterant in Quadragesima atque in diebus Veneris quibus pro illis urget vi propriae Regulae grave praeceptum jejunandi. (2) Nunc autem, per illa verba can. 620: «salvis votis et constitutionibus propriis» participatio regularium in praedictis indultis coarctatur, siquidem illis uti non possunt quando propriae constitutiones (vel regulae) jejunium sive abstinentiam praescribunt. (3) Nihilominus, cum in can. 1245 par. 3 facultas tribuatur Superioribus regularibus dispensandi a le-

---

(1) Cfr. cit. Const. *Regimini* Sixti IV; const. *Licet debitum* Pauli III; Piatus, l. c.

(2) Vid. etiam decr. de d. 20 dec. 1871 ap. Mocch., II, n. 75.

(3) Cfr. Blat, l. c.; Aug. III, p. 345; Ferreres, *Theol.*, II, n. 149, Q. 5.

gibus abstinentiae ac jejunii suos subditos in casibus singularibus justaque de causa, et hoc, ut videtur, etiam in casu quo obligatio ex propriis regulis et constitutionibus proveniat, bene posset admitti opinio cl. Aug., l. c., juxta quam adesset sufficiens ratio seu motivum ad talem facultatem exercendam, quando tota dioecesis eximeretur a praefatis obligationibus per indultum episcopale. Hoc tamen restringendum censemus ad dispensationes quas loci Ordinarius concedere valet vi praescripti par. 2 ej. can., idest ex aliqua causa peculiari et transeunte, non vero quando agitur de indultis promulgatis ab Ordinario ex delegatione S. Apostolicae, quibus pro determinatis regionibus S. Pontifex speciales concessiones elargitur, cuius generis sunt *Bulla Cruciatae* pro Hispania et Lusitania, *Indultum* pro America Latina atque Insulis Philippinis, etc.; quoad has enim concessiones standum est verbis ipsius indulti ac declarationibus Apostolicae Sedis. (1)

Ceterum, Superiores regulares, etiam locales, vi laud. can. 1245 par. 3 facultatem habere videntur, prouti notat cl. Verm. *Summa*, n. 486, 3, dispensandi *collective* minores suae communitatis partes quae familiae comparari possunt. Immo, meo saltem judicio, Provincialis Superior totam aliquam communitatem, quae relate ad universam provinciam uni familiae aequiperari debet, dispensare valeret. Et hoc, ut subdit laud. auctor, «quatenus vel facile communem dispensationis rationem habeant, vel dispensatio uni concessa aut concedenda observatiam aliis impeditiorem reddat.» Ex causa vero *publicae valetudinis* majores Superiores posse, vigore par. 2 dicti can., dispensare a lege jejunii et abstinentiae etiam cum integro conventu immo *integra provincia* asserit cl. Biederlack-Fürich, op. c. n. 39 b) eo quod et ipsi *Ordinarii* sunt, quibus haec facultas competit.

IV. De absolutione a censuris.—An vero pro abso-

---

(1) Cfr. A. A. S., v. II, p. 215-17; v. IX. p. 135; Ferreres *Theol.*, tom. 2, nn. 1371 par. 4 cum nota, 1382, n 5.

lutione a censuris (etiam quae a jure *Episcopo* reservantur) possint regulares se subjicere Ordinario loci, negative respondendum videtur. Nam juxta praescriptum can. 2253 n. 1 absolvere potest a censura non reservata «extra forum sacramentale quicumque jurisdictionem in foro externo habeat in reum», ideoque excluditur loci Ordinarius qui illam jurisdictionem in exemptos non habet. Item in n. 3 ej. can. dicitur: «Quare a censura reservata *Episcopo* vel Ordinario, quilibet Ordinarius absolvere potest *suos subditos*, loci vero Ordinarius etiam peregrinos...» Ergo regulares ab hac censura absolvere non valet, cum ipsi nec inter subditos neque inter peregrinos computentur. Attamen, cum praedicta facultas majori Superiori pro suis subditis concedatur, nullum apparet inconveniens, ut Episcopis denegetur illam respectu regularium exercere. Antiquitus res non ita clare constabat. En quae de hoc argumento scribebat cl. Chokier, p. 235: «Utrum (exempti) Ordinario subjicere se possent pro absolutione (excommunicationis) non parva est difficultas. Posse pleno concilio sensit Fredericus Senensis, *conf.* 14, quem sequitur Card. Sabarella et tacite sequi videtur Navarrus *conf.* 13, hac potissimum ratione, quod si id eis non liceret inductum in favorem verteretur in odium quemadmodum inferius in indulgentiarum perceptione notavimus... Verumtamen praevaluit opinio Abbatis et aliorum... Ratio est, quia per exemptionem efficitur quis non subditus, quia eripitur ab ordinario et subiicitur Papae, adeo ut Episcopus desinat in eum habere potestatem praeterquam in casibus specifice ei reservatis ..., quo fit ut exemptus non medo condemnari, sed ne quidem ab Episcopo absolvi possit, tum quod exemptis prohibita est prorrogatio fori contentiosi...» (1)

---

(1) FF. Minores privilegium olim obtinuerunt a S. P. Gregorio IX (14 feb. 1233, *Bullarium Franc.*, t. I. p. 97) quo poterant ab Episcopis locorum qua S. Sedis delegatis absolutionem obtinere a censuris excomunicationis, necnon dispensari ab irregularitatibus «nisi adeo esset diffic lis, (sunt verba Pontificis) et enormis excessus, quod merito pro iis deberent ad Sedem Apostolicam destinari». Quos excessus determinavit Sixtus IV, Bulla *Mare Magnum*, prout sequitur, ni-

## ARTICULUS II.

### De potestate coactiva Episcopi in regulares.

Uti ex ipsa natura privilegii exemptionis et ex verbis quibus in jure exprimitur facile apparet, regulares immunes sunt a potestate coactiva locorum Ordinariorum, ita ut non possint ab illis compelli vel puniri in omnibus in quibus eximuntur ab eorum jurisdictione. Cfr. Verm. I, n. 380. «In omnibus (tamen) in quibus religiosi (etiam regulares) subsunt Ordinario loci possunt ab eodem etiam poenis coerceri» (c. 619). Sane cui conceditur consequens, conceditur etiam antecedens; igitur, cui conceditur jurisdictio, ea quoque concedenda sunt sine quibus haec jurisdictio subsistere non potest, scilicet coercitio, punitio, executio.

### § I.—Utrum regulares per censuras ab Episcopo coerceri possint.

Ad rectam interpretationem laud. can. 619 id in primis notari debet, quod per illa verba: «etiam poenis», quibus Episcopus regulares astringere valet, designari queunt vel *a*) *omnes ecclesiasticae poenae* sive medicinales seu censurae sive vindicativae, non exclusis remediis poenalibus et poenitentiis, quae omnia sub generali termino *poenae* non semel veniunt in jure (cfr. c. 2214-19), vel *b*) *poenae proprie dictae*, medicinales nempe ac vindicativae, quatenus distinguuntur a remediis poenalibus et poenitentiis, vel tandem *c*) *poenae stricte dictae seu vindicativae*, prout a *censuris* sive poenis medicinalibus discernuntur. In hoc ultimo sensu passim loquuntur auctores immo ipse Codex hanc distinctionem agnoscit, ut apparet ex textu can. 603 par. 1 ubi legimus: «Clausura monialium... sub vigilantia est Ordinarii loci, qui potest delinquentes, regularibus viris non exceptis, *poenis quoque ac censuris* corrigere et coercere». Verum, quinam sensus ex supra expositis applicetur opor-

---

mirum *schisma, haeresim cum relapsu, falsificationem litterarum Apostolicarum et delationem prohibitorum ad Infideles*; quibus Julius II, an. 1510, per rescriptum *Expone nobis* adjecit *Conspirationem in Romanum Pontificem*.

tet praefatis verbis can. 619? En quaestio in hac paragrapho, quantum mihi cernere dabitur, excutienda. At primo videamus quid de illa sentiant auctores. Çl. Blat, *De Pers.* p. 606, explicans hujus can. praescriptum ita scribit: «... possunt (regulares) ab eodem (Ordinario loci) etiam poenis *quibuscumque* coerceri.» Igitur juxta ipsum, per illa verba Codicis intelligi etiam debent ecclesiasticae censurae. Hoc idem explicite affirmat cl. Cappello, *De Censuris*, n. 10, eandemque sententiam tenet quoque cl. Aug. III, p. 344, qui praeterea asserit religiosos amplius allegare nullatenus posse privilegium in contrarium, nisi post Codicis promulgationem illud obtinuerint. Bona cum venia tantorum auctorum demonstrare conabor verba illa cit. can. minime includere ecclesiasticas censuras, ac proinde nefas esse loci Ordinario ipsas adhibere ad regulares coercendos, nisi in casibus a jure explicitis verbis exceptis, adhibito nempe termino: *per censuras*. Ad hanc enim sententiam propugnandam sequentia adducimus argumenta:

1.°—Illa expressio: «etiam poenis» qua utitur can. 619 haud necessario includit, *vi ipsorum verborum*, censuras ecclesiasticas. Hoc infertur ex ratione jam supra notata nempe, ex distinctione a Codice et ab auctoribus frequenter usitata poenas inter ac censuras. Ergo, cum potissimum simus in odiosis, benignior interpretatio ejusmodi locutionis amplectenda est, nisi obstent fortiora in contrarium argumenta, quae sane in praesenti casu desiderantur. Hic enim locum habet regula juris (c. 15 in 6): «In dubio odia sunt restringenda», necnon novi juris praescriptum quod ita sonat: «In poenis benignior est interpretatio facienda» (c. 2219 par. 1; cfr. etiam c. 19).

2.°—Insuper, eo ipso quod noster Codex in quibusdam casibus, ex. gr. in praedicto de monialium clausura, expressam Ordinario loci facultatem impertit per censuras procedendi, logice infertur, ex trita regula discretivae locutionis, sxcludendos esse casus non expressos; quod argumentum praeterito jure passim allegatum ab auctoribus huic sententiae faventibus comperimus. (1)

(1) Cfr. Ferraris, l. c.; Mocch., III, n. 800, etc.

3.°—Accedit tandem, quod generatim poenalis disciplina a novo Codice inducta notabiliter mitigavit juris veteris rigorem. Jamvero, praeterita legislatione Episcopi nonnisi ex *speciali* commissione (verba sunt Sixti IV in *Mare Magnum* Minorum) et auctoritate Sedis Apostolicae, in personas, domos et loca praedictorum Fratrum, aliquas *excommunicationis*, *suspensionis et interdicti* sententias specialiter vel generaliter quomodolibet promulgare» valebant. Eadem immunitas concessa fuit FF. Praedicatoribus, Carmelitis, ceterisque regularibus, prouti fusius exposuimus in articulo circa historiam privilegii exemptionis. Cfr. Confettius, op. c., p. 43, 72, 98, 144, etc., ubi integri textus Apostolicarum constitutionum praebentur (1) Haec quidem privilegia suum legitimum valorem, vi can. 4 Codicis, adhuc retinent (cfr. Ferreres, *Inst.* I, n. 906, III). Igitur non mirum, si auctores qui ante novam juris codificationem scripserunt fere omnes docerent ut regulares, *saltem Mendicantes* et qui plene eorum privilegiorum erant participes, ne in casu quidem quo Episcopi, ex juris dispositione, tanquam Abostolicae Sedis delegati contra ipsos procederent, episcopalibus censuris tenerentur. (2) Excipiebantur tamen quidam pauci casus, in quibus huic etiam privilegio derogatum fuit, qui casus diversi a diversis proponuntur. Ita S. Alph., *De Priv.*, n. 77, tres refert casus ex decretis tridentinis excerptis, in quibus, ait. S. Doctor, potest Episcopus cogere regulares ad obediendum, etiam adhibitis censuris: *Primus* est, ad restituendas res novitiis a religione abeuntibus (circa quod, ut suo loco exposuimus, non amplius subduntur regulares loci Ordinario). *Secundus*

---

(1) Cfr. Lezana, Salmanticenses, Rodríguez, etc, ap. Mocch., III. n. 802 et Ferraris, v *Regulares*, art. II, n. 81.

(2) Cfr. S. Alph., *De Priv.*, n. 77; Vern. l. c.; Gaudentius, Lucidi, Passerini ap. Cappello, *De Visit.*, II. p. 411. En quae de hoc argumento scribebat laud. Chokier, p. 485 «an iis casibus quibus regulares illius (Episcopi) jurisdictionem agnoscunt, possint sublici censuris? paucis, non posse censemus, si tales privilegium habeant ne possint excomuulcari, suspendi vel interdici: quale habent mendicantes, ut constat ex eorum compendio verbo exemptio n. 23, 24, quod limita, nisi expresse concedatur Ordinariis ut in iis casibus possint censuris latis contra exemptos procodere, ut ex variis Conc. Trid. locis colligere est».

est, ad observandam clausuram, loquendo de monialibus (qui casus etiam in nostro jure retinetur, prouti jam diximus). *Tertius* est, ad observandum totum id, quad ab Episcopo statutum est quoad Missarum celebrationem, de quibus denique enodatae manent in praecedenti capitulo restrictiones huic Episcoporum facultati a novo Codice appositae, inter quas in praesens notetur omissio illius poenalis sanctionis Concilii Tridentini. Cfr. can. 804, 1261, etc. Juxta sententiam cl. Verm. I, n. 380, tres pariter dabantur casus indubie excepti, in quibus etiam Mendicantes censuris ab Episcopo coerceri poterant, nempe: *a*) Quotquot regulares *praesumpserint praedicare* in *alienis* ecclesiis sine licentia Episcopi, aut in *propria*, non petita ipsius benedictione, vel ipso contradicente. C. *Inscrutabili*, 13 feb. 1622, Greg. XV; *b*) quotquot, sine approbatione Episcopi loci, *ausi sint saecularium* excipere *confessiones*. C. *Cum sicut accepimus*, 14 maii 1653, Innoc. X; *c*) quotquot violaverint decretum Urbani VIII, *Sacrosancta*, 15 mart. 1642, de removendis ab ecclesiis etc. imaginibus Domini Nostri et Sanctorum quae scandalo sint vel inconsueto modo depictae. De his vero casibus, deque ceteris plus minusve certis cum a Tridentino tum a SS. Pontificibus vel Romanis Congregationibus statutis, in quibus Episcopis facultas expressa tribuebatur coercendi ac puniendi regulares adhibitis censuris, dicendum novum jus illos prorsus abrogasse, excepto casu memorato de regularibus circa monialium clausuram delinquentibus. Constat ex can. 6 n. 5.

Ideo «pendente quaestione, ut verbis utar cl. Mocch. III, n. 804, non potest Episcopus turbare regulares in sua possessione exemptionis: siquidem in dubio, an jurisdictio pertineat ad Episcopum, non potest hic in causa cognoscere, ne sit judex in propria causa. sed eius examen et decisio sunt de reservatis sanctae Sedi»; quod quidem valet non tantum quoad Mendicantes, verum etiam quoad omnes regulares, qui in materia exemptionis jure communi omnino aequiperantur.

Quae hucusque disseruimus equidem accipienda sunt de sola inflictione censurarum, nam quod attinet ad alias poenas ecclesiasticas, negari nequit Episcopum iisdem uti posse ad coercendos regulares ipsi obedientiam detrectantes: hoc enim constat ex praescripto cit. can. 619. Ad hanc vero potestatem exercendam, subjectio regularium in casu plane constare debet, ut infertur ex iis quae superius delibavimus circa interpretationem ac revocationem regularium immunitatum. Insuper servandae sunt circa inflictionem istarum poenarum normae in can. 2218 et sq. statutae; praesertim attendendum est ad praescriptum can. 2223 par. 3, juxta quem Episcopus abstinere debet a poena infligenda, si reus perfecte fuerit emendatus et scandalum reparaverit, aut sufficienter punitus sit vel puniendus praevideatur poenis sancitis auctoritate civili (vel etiam, ut videtur, auctoritate proprii Superioris: ratio namque eadem est). Reliquum est nunc ut breviter recenseamus praecipuos casus, in quibus jus hodiernum expresse concedit locorum Ordinariis facultatem coercendi ac puniendi regulares sive viros sive mulieres.

## §. II.—Praecipuae sanctiones poenales contra regulares delinquentes.

In superioribus capitulis vidimus quid jus statuat *a*) quoad regulares extra domum illegitime degentes, necnon *b*) quoad regulares delinquentes circa monialium clausuram, et tandem *c*) quomodo Ordinarius loci se gerere debeat in casu quo in domibus non formatis abusus irrepserint qui populo scandalo fuerint. Tractavimus quoque de potestate coactiva ejusdem Ordinarii adversus *regulares parochos seu vicarios paroeciales* circa munia pastoralia delinquentes. *A*). Quoad hoc vero id tantum nunc addere oportet, quod nempe, juxta praescriptum can. 2337 par. 1, «Si parochus (etiam regularis) ad impediendum exercitium ecclesiasticae jurisdictionis, ausus fuerit (quod verbum requirit plenam cognitionem ac deliberationem, c. 2229 par. 2) turbas ciere (seu concitare), publicas pro se subscriptiones promovere, populum sermonibus aut scriptis excitare, aliaque similia agere: pro gravitate culpae secundum prudens Ordinarii judicium (qui Ordinarius quoad regulares parochos est et loci Ordinarius et Superior major), puniatur, non exclusa, si res ferat, suspensione». Poena igitur est indeterminata sed praeceptiva, et imponenda est parocho regulari juxta normas c. 631 par. 2 (jam antea explicati), idest, quod licet oporteat ut unus ex duobus Praelatis alteri deferat praeoccupanti exercitium hujus punitivae potestatis, tamen «si aliter a Superiore, aliter ab Ordinario decerni contingat, decretum Ordinarii praevalere debeat. (1)

*B*). De regularibus extra claustra delinquentibus.—Quod attinet ad punitionem regularis extra domum delinquentis, exstat sequens praescriptum can. 616 par. 1: «Si (regulares) extra domum delictum commisserint nec a proprio Superiore praemonito puniantur, a loci Ordinario puniri possunt, etsi e domo legitime exierint et domum reversi fuerint». Hac exceptio sumpta est ex c. 14 sess. 25 Trid., cuius haec sunt verba: «Regularis non subditus Episcopo, qui intra claustrum monasterii degit, et extra illud *ita notorie deliquerit, ut populo scandalo sit*, episcopo instante a suo superiore intra tempus ab episcopo praefigendum severe puniatur, ac de punitione episcopum certiorem faciat. Sin minus, a suo superiore officio privetur, et delinquens ab episcopo puniri possit».

Jamvero dispositio laud. can. 616, qua parte convenit cit. Trid. decreto, ex hujus auctoritate interpretanda est (c. 6 n. 3). In primis igitur examinare debemus naturam delicti commissi, cuius definitionem praebet can. 2195 par. 1 his verbis: «Externa et moraliter imputabilis legis violatio, cui addita est sanctio canonica saltem indeterminata». Hoc delictum, juxta Trid., ita notorium requirebatur, ut populo scandalo fuerit; quae tamen notorietatis condicio probabilius amplius necessaria non est, cum praedictus c. 616, omissis verbis Tridentini quae in textu sublineavimus, simpliciter requirat ut regulares «delictum

(1) Cfr. etiam cit. can. 2223 par. 3 n. 2. Modus vero procedendi contra parochos in adimplendis paroecialibus officiis negligentes determinatur in can. 2382-3. 2182-5.

commiserint». Cfr. Bondini, p. 65. Insuper oportet ut delictum patratum sit «extra domum» regularem, sensu alio in loco jam exposito, loquendo nempe de regularibus extra domum illegitime degentibus; quibus ibidem enodatis haec duo nunc addenda sunt: *I.*—Censendus non est «extra domum» regularis delinquens *in paroecia monasterio unita*, prout declaravit S. C. C. d. 3 feb. 1601 (1); *II.*—Si regularis deliquerit *in ecclssia vel monasterio sui ordinis etiam cum scandalo populi*, haud videtur cadere sub hujus canonis praescripto. Ratio est, quod nec tunc proprie dici potest illum *extra domum* deliquisse. Jure veteri huic propositae quaestioni S. C. C. respondendum censuit: «affirmative (seu talis regularis censeri debet *extra claustra*), si in ecclesia monasterii delinquit, nisi clausis portis ecclesiae et solis regularibus in ea existentibus delictum fuerit commissum; si vero intra claustra monasterii vel ecclesiae interioris delictum sit commissum, ex verbis Concilii (Trid.) non videtur procedere d. cap. 14, quod expresse dicit «extra claustra»: tamen si scandalum sit notorium populo, ex identitate rationis idem videtur» (2) Hoc vero jure hodierno non obtinet, cum probabilius, ut notavimus, condicio *notorietaris* delicti cui potissimum haec nititur declaratio necessaria non sit. Ni fallor, hi duo casus dictae Cong. propositi nunc aequiperari possunt abusibus qui in domibus exemptis irrepserint ac de quibus in can. 617; proindeque, salvo meliori judicio, ex ipsius canonis sententia, alio in loco jam enodata, diiudicari debent.

Quoad punitionem igitur regularis delinquentis qui *legitime* moratur extra claustra, notabilis invenitur discrepantia Tridentini inter et Codicis disciplinam, uti attento lectori eorum que supra dicta sunt ac statim dicentur facile patebit. Nam juxta Concilium Trid. «nemo.... regularis, extra monasterium degens etiam sui ordinis privilegii prae-

(1) Ut refert Barbosa ap. Ferraris, v. *Regulares*. art. II, n. 37-38.

(2) Prout referunt Ferraris, l. c., n. 42, Matthaeucci, Chiraldi et Fagnanus ap. Mocch., III, n. 794.

textu (quod quidem non significat, ut patet, *illegitimam* esse illius absentiam) tutus censeatur, quo minus, si deliquerit, ab ordinario loci, tanquam super hoc a Sede Apostolica delegato, secundum canonicas sanctiones visitari, *puniri et corrigi* valeat» (c. 3 sess. 6 de ref)., quin necesse sit ut praecedat monitio Superiori facta, ut ipsemet delinquentem puniat. E contra, in laud. can. 616, prouti mox exposuimus, facultas talem religiosum puniendi inest Episcopo solummodo post praemissam monitionem Superiori regulari, et probatam ipsius negligentiam in subdito delinquenti debite puniendo. Cfr. Biederlack-Fürich, p. 267. Praeceperat tamen laud. Concilium (c. 14 sess. 25 antea cit.), ut in casu quo regularis delinquens *extra* domum cum scandalo populi *intra* claustra degeret monasterii, non posset Episcopus in illum animadvertere usque dum monitus fuerit superior regularis. Quod si hic subditum reum punire neglexerit, a suo Superiore officio privari debebat, quam sanctionem confirmavit Clemens VIII (1), aliasque poenas atque censuras statuit a Superioribus incurrendas qui auderent subditum impunitum ad alia suorum ordinum loca extra Episcopi dioecesim transmittere. De iis sanctionibus poenalibus Codex tacet, ideoque tanquam abrogatae habendae sunt, juxta praescriptum cit. can. 6 n. 5. Nihilominus, Superiores contra facientes puniendi sunt, sed arbitrio tantum suorum Superiorum.

Ceterum hic applicari possunt ea quae habet cl. Piat, II, P. 4, c. 3, Q. 100: «Quamvis Episcopus non possit illum (regularem qui intra claustra degit et extra ea deliquit) iudicare, nec contra illum processum efformare iuridicum, potest tamen talem qualem informationem sumere per modum simplicis examinis interrogando, quid commiserit, unde sit, ubi degat, ac caetera hujusmodi, et aliquem summarium processum facere, delicti testes interrogando, et processum transmittere ad Superiorem regularem, ut delinquentem severe puniat, et de punitione ipsum per legitima

(1) Const. *Sucepti*, 23 feb. 1596, quae legi potest ap. Ojetti, v. *Exemptio* n. 2108.

documenta certiorem faciat. Ille summarius Episcopi processus ad Superiorem regularem transmissus, certe non sufficit ad condemnandum delinquentem, sed sufficit, ut Superior regularis subditum examinet atque judicet». Haec confirmantur responsione S. C. C. (ap. Donatum, *Prax. rerum Reg.* tom. I. p. 283), quae ad dubium: «An Episcopus statim habita notitia delictorum, possit capere informationem et illam ad Superiorem regularis delinquentis remittere, ut nequeat de illo delicto ignorantiam praesumere?» respondit, *Posse*. Quoad tempus vero et circmstantias punitionis, iterum liceat audire prael. Piat l. c.: «Quum legis scopus sit, ut quantocius occurratur scandalo, Episcopus praefigere debet tempus breve, congruum tamen et competens ad punitionem infligendam; quale plures existimant esse 20 aut 30 dierum. Alii vero dicunt fieri posse ut hoc tempus quandoque sit insufficiens, v. gr. si, juxta Constitutiones ordinis, poena, quam crimen meretur, sit reservata Definitorio, vel Praelatis maioribus... nequit tamen (Episcopus) iuridice cognoscere an poena inflicta sit levis vel gravis. Si tamen ei constet de fraude in debita poena delinquenti infligenda, contra eum procedere valet. Sufficit autem quod Episcopus una vice instet apud Superiorem regularem, quamvis Superior punitionem differre possit, quoadusque ipsi iuridice constet de sui subditi delicto. Superior regularis tenetur Episcopo transmittere acta iudicii ac sententiam; imo illum certiorem facere de ipsa punitione, atque de sententiae executione...»

*c)* DE APOSTATIS.—Regularis apostata a religione, ipso jure incurrit in excommunicationem proprio Superiori majori vel, si ordo sit *laicalis*, Ordinario loci in quo commoratur, reservatam (c. 2385). Si vero agatur de moniali ad monasterium exemptum pertinenti, tum Episcopus tum Superior regularis aequali obligatione tenentur eam sollicite requirere; secus, haec obligatio uni Ordinario loci competit.

*d)* DE NON ASSISTENTIBUS CASUUM CONFERENTIIS—«Sacerdotes (etiam regulares, dummodo vel curam animarum exerceant, vel facultatem obtinuerint ab Ordinario loci audiendi contessiones et simul in eorum domibus collationes casuum conscientiae ad norman c. 591 non habeantur) contra praescriptum can. 131 par. 1 (vel potius par. 3) contumaces (sou non parentes monitionibus ej. Ordinarii ut vel conventui intersint, vel, deficiente conventu, scriptam casuum solutionem eidem transmittant) Ordinarius (loci) pro suo prudenti arbitrio puniat (poena igitur indeterminata et praeceptiva); quod si fuerint religiosi confessarii curam animarum non gerentes, eos ab audiendis saecularium confessionibus suspendeant. «Igitur pro istis confessariis poena est determinata. Notat cl. Blat, *De Pers.*, p. 706, ex hujus canonis praescripto inferri ejusmodi delictum jure censeri gravem causam, qualem exigit can. 880 par. 1 pro suspendenda facultate audiendi confessiones.

*e*) Adversus negligentes professionem fidei.—Negligentes professionem fidei emittere in casibus de quibus supra diximus regulares teneri ad eam praestandam coram loci Ordinario, ab ipso puniendi sunt etiam per privationem officii, beneficii, dignitatis, muneris (si haec tamen ab ipso Ordinario obtinuerint et) dummodo sine justo impedimento ac transacto termino congrue definito contumaces maneant (c. 2403).

*f*.) De antistitis monialium delinquentibus.-*a*) Statuit can. 1412: «Religiosarum etiam exemptarum Antistitae pro gravitate culpae (ac proinde poena indeterminata sed, ut statim videbitur, praeceptiva), non exclusa, si res ferat, (id est in casibus gravioribus, accedente praesertim contumacia) officii privatione, ab Ordinario loci puniantur:

I.—Si contra praescriptum can. 549 dotes puellarum receptarum (quanvis adhuc sint postulantes) quoquo modo (seu quacumque de causa) impendere praesumpserint (requiritur ergo plena cognitio ac deliberatio, cfr. c. 2229 par. 2); salva semper obligatione de qua in can. 551 (restituendi nempe dotem religiosae professae discedenti, vel eam alii religioni, ad quam monialis legitime transierit, tradendi);

II.—Si contra praescriptum can. 552 omiserint Ordinarium loci certiorem facere de proxima alicuius admissione ad novitiatum vel ad professionem. Necesse est igitur ut Antistita *omittat* monitionem; si vero tantum illam retardaverit, v. gr. per quindecim dies, hanc sanctionem videtur effugere. Cfr. Ferreres, *Derecho Sacr.*, n. 1007.

*b*) Sancit can. 2413 ut «Antistitae (etiam monialium) quae post indictam visitationem (ergo non antea, licet intuitu visitationis) religiosas (professas) in aliam domum, Visitatore non consentiente, transtulerint, itemque religiosae omnes, sive Antistitae sive subditae, quae per se vel per alios, directe vel indirecte, religiosas (professas) induxerint (quod verbum requirit aliquam positivam actionem, quin sufficiat ut mere passive se habeant) ut interrogatae a Visitatore taceant vel veritatem quoquo modo dissimulent aut non sincere exponant, vel eisdem, ob responsa quae Visitatori dederint, molestiam, sub quovis praetextu (non vero si hoc faciant propter aliam justam causam) attulerint inhabiles ad officia assequenda, quae aliarum regimen secumferunt, a Visitatore declarentur et Antistitae officio, quo funguntur, priventur.»

*c*) Denique praescribit ultimus Codicis canon (2414) ut «Antistita quae contra praescriptum cc. 521 par. 3, 522, 523 (qui respiciunt libertatem confessionis religiosarum ac de quibus in decursu hujus thesis jam sumus locuti) se gesserit, a loci Ordinario moneatur (etiamsi agatur de Antistita Praelatis regularibus subjecta, siquidem in hac materia confessionum religiosae omnes, non superioribus regularibus, sed locorum Ordinariis subduntur) (1); si iterum deliquerit, ab eodem officii privatione puniatur, illico tamen certiore facta S. C. de Rel.»

---

(1) Cfr. Blat l. c., p. 734; Ferreres, *Derecho Sacram.*, n. 1009.

UNIVERSITAS CATHOLICA AMERICAE

Washington, D. C.

—

S. FACULTAS THEOLOGICA

—

1920 - 1921

—

No. 12

# CANONES

DEUS LUX MEA

# CANONES

quos

# Ad Doctoratus Gradum in Jure Canonico

Apud

UNIVERSITATEM CATHOLICAM AMERICAE

consequendum

PUBLICE PROPUGNABIT

*ANTONIUS MELO, O. F. M.*

Provinciae Dominae Nostrae de Aranzazu

CANTABRICENSIS in HISPANIA

JURIS CANONICI LICENTIATUS

*Hora IX A. M. Die XXXI Maii A. D. MCMXXI.*

Vidit Sacra Facultas:
JOANNES A. RYAN, S. T. D., p. t. Decanus

PETRUS GUILDAY. Ph. D., p. t. a Secretis

Vidit Rector Universitatis:
† THOMAS I. SHAHAN, S. T. D.

I. Canones 25 - 30
II. Conones 36 - 42
III. Canones 43 - 49
IV. Canones 50 - 62
V. Canones 63 - 79
VI. Canones 80 - 86
VII. Canones 97 et 1077
VIII, Canones 196 - 200
IX. Canones 201 - 210
X Canones 471 - 478
XI. Canones 492 - 498
XII. Canones 518 - 519
XIII. Canones 520 - 530
XIV. Canones 531 - 537
XV. Canones 572 - 578
XVI. Canones 580 - 582
XVII. Canones 597 - 603
XVIII. Canones 613 - 614
XIX. Canon 615
XX. Canones 616 - 617
XXI. Canones 619 - 620
XXII. Canones 621 - 625
XXIII. Canones 762 - 769
XXIV. Canon 804
XXV. Canones 824 - 844
XXVI. Canones 1022 - 1030
XXVII. Canones 1043 - 1046
XXVIII. Canones 1047 - 1057
XXIX. Canon 1058
XXX. Canones 1059 et 1080
XXXI. Canones 1060 - 1064
XXXII. Canon 1069
XXXIII. Canon 1074
XXXIV. Canones 1089 - 1091
XXXV. Canones 1094 - 1099
XXXVI. Canones 1118 - 1119
XXXVII. Canones 1188 - 1196
XXXVIII. Canon 1425
XXXIX. Canones 1561 - 1568
XL. Canon 1594
XLI. Canones 1627 - 1633
XLII. Canones 1634 - 1635
XLIII. Canones 1667 - 1671
XLIV. Canones 1679 - 1683
XLV. Canones 1684 - 1689
XLVI. Canones 1690 - 1692
XLVII. Canones 1693 - 1697
XLVIII. Canones 1698 - 1700
XLIX. Canones 1701 - 1705
L. Canones 1726 - 1731
LI. Canones 1747 - 1749
LII. Canones 1868 - 1877
LIII. Canones 1960 - 1965
LIV. Canones 2195 - 2198
LV. Canones 2241 - 2242
LVI. Canon 2254
LVII. Canones 2268 - 2277
LVIII. Canones 2368 et 904
LIX. Canon 2342
LX. Canon 2350

# VITA

*Natus sum die 6 Maii anni 1889 in insula Cubana, oppido «Sagua la Grande» vulgo nuncupato, in cuius scholis ac postea in collegiis atque academiis civitatis Habenensis primariis ac superioribus litteris imbutus in ipsa Reipublicae metropoli per tres annos pueris instituendis in publicis scholis operam navavi. Ad altiora vocatus, ordinemque seraphicum anno 1911 ingressus, in domibus studiorum almae Provinciae Cantabricensis in Hispania per septem annos disciplinis philosophicis ac theologicis vacavi usque dum anno 1919 ad sacerdotium provectus sum. Tandem in alumnorum huius CATHOLICAE UNIVERSITATIS numerum cooptatus eodem anno 1919, ibidem DD. Bernardini, Shanaham et Kennedy auspiciis, studiis juris canonici ac theologiae dogmaticae et sacramentalis respective operam impendi.*

## ERRATA CORRIGE

| PAG. | LIN. | LEGITUR | LEGATUR |
|---|---|---|---|
| 1 | 3 | excipio, etenim | excipio, generalius verbum, quam eripio; etenim |
| 2 | 29 | de priv. in 9 | de priv. in 6 |
| 12 | 33 | 1854 | 1954 |
| 25 | 21 | 465 | 365 |
| 73 | 34 | 882 | 832 |
| 95 | 12 | 585 | 485 |

www.ingramcontent.com/pod-product-compliance
Lightning Source LLC
LaVergne TN
LVHW050236080826
844660LV00012B/541

* 9 7 8 0 8 1 3 2 2 2 0 3 5 *